I0059150

TVL

Thalamus Verlag Leipzig e.K.

Information Technology, Economics & Management
Ausgewählte Schriften aus Wissenschaft und Praxis

TVL – Reihe   1 / 2012

Thalamus Verlag Leipzig
Information Technology, Economics & Management
Halbjährliche Reihe ausgewählter Schriften
aus Wissenschaft und Praxis
© Thalamus Verlag Leipzig e.k. 2012
Printed by Amazon
ISBN 978-3-9815615-1-7

Inhalt

Unsere Aufgabe ist es, die Ökonomie zu beherrschen,
sie sinnvoll aktiv und nachhaltig zu gestalten,
ansonsten beherrscht die Ökonomie uns.

Vorwort

Sehr geehrte Leserinnen und Leser,

Informationstechnologie und Ökonomie wachsen heute immer stärker zusammen. Dabei treten ganz neue Managementtechniken moderner und inzwischen sehr vielschichtiger IT-Anwendungen in allen Bereichen der Wirtschaft genauso in den Vordergrund, wie auch der praktische Einsatz neuester Erkenntnisse aus der Informations- und Kommunikationstheorie.

Informationstechnologie durchdringt inzwischen schon unser gesamtes Privat- und Berufsleben. Und diese Entwicklung ist noch lange nicht an ihrem Ende angekommen.

Doch hat sie uns leider nicht vor den aktuellen Problemen einer Schulden- und Wachstumskrise sowie hoher Arbeitslosigkeit in weiten Teilen der Welt schützen können. Das Management des ökonomischen Umgangs mit dieser neuen Technologie liegt ausschließlich beim Menschen selbst. Wir allein entscheiden darüber, wie viel Schulden wir uns heute noch leisten können, ob wir gemeinsam strategisch in nachhaltiges Wachstum investieren oder ob wir in der alten Wegwerfgesellschaft weiterleben wollen. Die bisherigen Hauptenergieträger dafür werden aber immer knapper. Deshalb gilt es auch in der Informationstechnologie heute vielversprechende neue Ansätze hin zu einer wirklich nachhaltigen Entwicklung ganz gezielt zu entwickeln und zu nutzen.

Nach der Revolution der Informationstechnologie, die sich auch heute noch immer weiter fortsetzt, gilt es jetzt ganz besonders, ihren Einsatz möglichst effektiv und effizient zu managen.

André Stuth, Oktober 2012

Die Autoren

Ausgabe 1 / 2012

Lars Audehm (Jahrgang 1973) studierte Wirtschaftsinformatik an der Westfälischen Wilhelms-Universität in Münster sowie Betriebswirtschaftslehre an der Verwaltungs- und Wirtschaftsakademie in Bielefeld. Seit fast 15 Jahren ist er im IT-Bereich tätig, davon 9 Jahre in verschiedenen Positionen im Talanx Versicherungskonzern und bei mehreren Beratungsunternehmen als Senior IT Consultant in vielen Projekten. Tätigkeitsschwerpunkt sind Projektleitung, Servicedesign und die Optimierung des IT-Managements. Er arbeitet in der Fachgruppe IT-Controlling der Gesellschaft für Informatik mit. Seine weiteren Interessen sind die Integration von Financial Management und IT-Betrieb sowie die Weiterentwicklung des Cloud Computings.

Lars Audehm
Nachhaltiges IT-Kostenmanagement in Rechenzentren
Green IT lohnt sich auch ökonomisch

Abstract

Durch die globale Vernetzung nimmt die Bedeutung der Informationstechnologie weiter zu. Fast jedes Unternehmen besitzt heute ein Rechenzentrum oder einen Rechnerraum. Durch die steigenden Energiepreise ist der Energieverbrauch der Rechenzentren in den Fokus des IT-Kostenmanagements gerückt.

Neben dem ökonomischen Aspekt achten immer mehr Kunden und Mitarbeiter auf den nachhaltigen Umgang des Unternehmens mit den genutzten Ressourcen. Das Thema Nachhaltigkeit hat heute bereits Einzug in viele Geschäftsberichte gehalten. In diesem Beitrag wird eine Best Practice Lösung für die Integration der IT-Energiekosten in das Kostenmanagement vorgestellt.

Stefan Bader (Jahrgang 1970) absolvierte erfolgreich eine Ausbildung zum Technischen Zeichner bei MBB (heute Eurocopter). Danach studierte er Maschinenbau, Fachrichtung Fertigungstechnik an der Georg-Simon-Ohm Fachhochschule in Nürnberg mit Diplom-Abschluss. Von 1998 bis 2001 war er als Systemingenieur im Bereich militärische Hubschrauber bei Eurocopter, sowohl in Deutschland als auch in Frankreich, beschäftigt. In diversen Beschaffungsprogrammen fungierte er bei Rheinmetall Landsysteme als Projektleiter für manuell- und fernbedienbare Waffenstationen und für die Serienfertigung von Türmen für Rad- und Kettenfahrzeugen. Seit 2009 betreut er alleinverantwortlich weltweit den Bereich Waffenstationen bei Dynamit Nobel Defence. Neben der Produktion ist er auch in der Akquise und im after-sales Bereich tätig. Als freier Redakteur erstellt er Fachbeiträge für verschiedene Jagd- und Sportschützen-magazine.

Stefan Bader
Probleme und Risiken der interkulturellen Kompetenz
Falldarstellungen und Lösungsmöglichkeiten anhand eines
mittelständischen Unternehmens

Abstract

Der Mensch muss sich davon verabschieden, dass sein kulturelles
Umfeld, sein Zuhause, allein das Normale sei. Er steht im
Mittelpunkt und alles dreht sich nur um ihn. Doch weit gefehlt.
Sobald Kulturen aufeinandertreffen, sind damit verbundene
Konflikte bereits vorprogrammiert. Denn jeder will im
Mittelpunkt stehen. In dieser Ausfertigung wird im Allgemeinen
auf die Kulturunterschiede zwischen Deutschland und den
Vereinigten Arabischen Emiraten eingegangen.

Ein mittelständisches Unternehmen hat sich entschieden, diesen
Markt mit ihren Produkten zu erschließen. Der Verfasser schildert
detailliert an diversen Fallbeispielen die Probleme, die
interkulturell auftreten können und zeigt Lösungsmöglichkeiten
auf, wie Brennpunkte entschärft werden. Ferner werden die
Themen Kultur, deren Entstehung und Unterschiede sowie die
Grundarten der Kommunikation vorgestellt. Ausführlich wird
daraufhin die Frage beleuchtet, wie interkulturelle Kompetenz
entsteht. Neben den Basisbausteinen werden die Rahmenbedingungen genannt. Auch die verschiedenen Sozialkompetenzen der beiden involvierten Länder zeigen sich deutlich.
Abschließend werden die Vorteile daraus abgeleitet, wenn
Mitarbeiter und Unternehmen interkulturell kompetent agieren.

André Stuth (Jahrgang 1963) studierte Automatisierungstechnik und Technische Kybernetik an der Hochschule für Technik, Wirtschaft und Kultur in Leipzig sowie Betriebswirtschafts- und Volkswirtschaftslehre an der Akademie für Betriebs- und Volkswirtschaftslehre in Leipzig. Seit über 15 Jahren ist er im Bankbereich tätig, davon 8 Jahre als Referent einer Landesbank und seither bei IBM Global Business Services als Managing Consultant in vielfältigen Projekten. Neben bankfachlichen und betriebswirtschaftlichen Themen stehen dabei immer IT-Themen im Vordergrund. Seit seinem Studium ist er besonders intensiv mit den Themen Informationstheorie und Wissensmanagement beschäftigt, die in unserer Wissensgesellschaft eine immer größere Rolle spielen. Gemeinsam mit anderen Autoren gestaltet er die neue und hoffentlich auch für Sie spannende TVL-Reihe „Information Technology, Economics & Management".

André Stuth
Marketingkommunikation und die Semantik von Information
Marketing-Kommunikationsmodelle im Vergleich

Abstract

Wir leben heute in einer Gesellschaft, in der gesunde Lebensweise und gesunde Ernährung immer stärker in den Vordergrund
treten. Dazu kommen ebenfalls solche wichtigen Faktoren wie
eine nachhaltige und umweltfreundliche Produktion aller
Landwirtschafts- und Industriegüter, der biologisch einwandfreie
und chemiearme Anbau von Nutzpflanzen sowie die artgerechte
Haltung von Nutztieren. Außerdem müssen all unsere täglichen
Konsumgüter auch noch fair gehandelt werden und damit den
Produzenten in ärmeren Ländern eine angemessene Teilhabe an
den Ergebnissen ihrer Arbeit garantieren.

All diese und viele weitere Aspekte in der Herstellung und im
Verkauf von Konsumgütern sind Millionen von Verbrauchern
zumindest in den entwickelten Industrienationen inzwischen
existenziell wichtig geworden. Wie aber kann Marketing-
Kommunikation diese hochkomplexen semantischen Aspekte von
Information dem Verbraucher am besten vermitteln? Der
Bedeutungsaspekt von Information tritt heute in der Marketing-
Kommunikation wesentlich stärker in den Mittelpunkt.

Lars Audehm

Nachhaltiges IT-Kostenmanagement in Rechenzentren

Green IT lohnt sich auch ökonomisch

Einleitung

In den letzten 10 Jahren haben sich die ökologischen Rahmenbe-
dingungen drastisch verändert. Immer mehr Staaten erlassen
Gesetze zum Umweltschutz. Auch die Kunden und die eigenen
Mitarbeiter achten mehr auf das Umweltbewusstsein des Unter-
nehmens. Durch die zunehmende globale Vernetzung nimmt die
Informationstechnologie (IT) eine immer größere Rolle ein. Die
IT hat nicht nur Auswirkungen auf die Ökologie, sondern auch
auf die Ökonomie und die Gesellschaft.

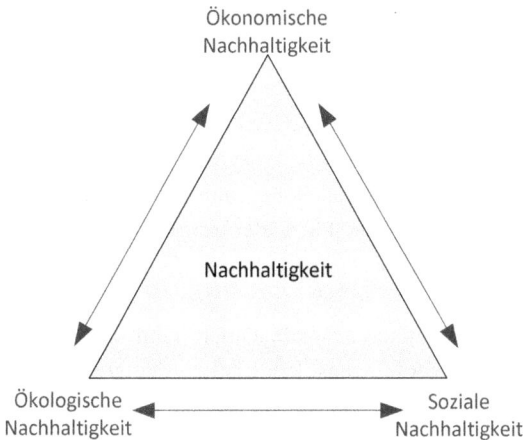

Abb. 1: Dimensionen der Nachhaltigkeit[1]

Das Zusammenspiel dieser drei Bereiche steht im Zentrum des
Konzeptes der Nachhaltigkeit.

---

[1] Zarnekow und Erek (2008) S. 9

Die bekannteste Definition des Begriffs „nachhaltige Entwicklung" wurde im Jahr 1987 im Brundtland-Bericht der Weltkommission für Umwelt und Entwicklung veröffentlicht.[2]

Der ursprüngliche Begriff der Nachhaltigkeit geht auf die Forstwirtschaft im 17. Jahrhundert zurück. Ein nachhaltiges Wirtschaften wurde erreicht, indem nicht mehr Bäume gefällt wurden als nachgewachsen sind. Heute bezieht sich der Begriff auf die Erreichung eines globalen Gleichgewichts der Bereiche Ökologie, Ökonomie und Gesellschaft.[3] Diese Kriterien bilden die drei Säulen der Nachhaltigkeit (Triple-Bottom-Line). Ziel ist es, die Ressourcen und die Umwelt zu schützen, so dass sie auch zukünftigen Generationen zur Verfügung stehen.

Durch dieses Modell finden Manager einen Ordnungsrahmen als Navigationshilfe durch die unterschiedlichen Teilbereiche.[4] Nur wenn die Interdependenzen zwischen den Bereichen beachtet werden, kann ein optimales Ergebnis erreicht werden.[5] In der Praxis ist es allerdings für viele Unternehmen schwierig, alle Bereiche zu beachten.

Durch die Nachhaltigkeitsmaßnahmen kann die Wettbewerbsfähigkeit des Unternehmens langfristig gesteigert werden.[6] Zum einen können Kosten eingespart werden und das Unternehmen kann sich gegenüber den Kunden und Lieferanten als umweltfreundlich zeigen und damit seine Reputation verbessern.

---

[2] WCED (World Commision on Enviroment and Development) (1987) S. 8
[3] Meadows und Meadows (1972)
[4] Vgl. Becker (2005) S.105 ff zur Funktion von Ordnungsrahmen
[5] Vgl. Elkington (2002)
[6] Dyllick und Hockerts (2009) S. 136

Einige Unternehmen wie INTEL, HP und IBM haben bereits mit den ersten Schritten begonnen.[7] Die Maßnahmen sollten nicht einmalig sein, sondern sich an dem Deming Cycle (Plan, Do, Check, Act) orientieren und ein kontinuierlicher Management-prozess werden.[8] Auf den Einsatz von IT kann heute kaum ein Unternehmen verzichten. Der nachhaltige IT-Einsatz sollte sich an den Unternehmenszielen orientieren.

Die Aktivitäten im IT-Bereich werden oft unter dem Begriff Green IT zusammengefasst. Eine eindeutige Begriffsdefinition gibt es allerdings noch nicht.[9] Green IT beinhaltet nur die Dimen-sionen Ökologie und Ökonomie. Innerhalb der Green IT Maß-nahmen muss noch zwischen zwei Unterkategorien unterschieden werden. Die erste Kategorie ist Green in IT. Der Fokus bei Green in IT ist die Reduzierung der durch die IT verursachten Umwelt-einflüsse. Bei Green through IT, der zweiten Kategorie, versucht das Unternehmen durch den Einsatz von IT, neue Verfahren zur Erstellung von Waren und Dienstleistungen zu schaffen.

Gartner hat im Jahr 2008 ermittelt, dass ca. 2% des weltweiten CO_2 Ausstoßes auf den Einsatz von IT zurückgeht.[10] Ein Schwer-punkt der Green IT ist die Senkung des Energieverbrauchs wäh-rend des Betriebs der IT-Services. Durch die immer weiter stei-genden Energie- und Rohstoffpreise wird die Notwendigkeit des nachhaltigen Wirtschaftens deutlich. Neben den Betriebskosten ist der anfallende Elektronikschrott ein großes ökologisches und soziales Problem.

---

[7] Harmon und Auseklis (2009) S. 23
[8] Mann et al. (2009) S. 6
[9] Velte et al. (2008)
[10] Gartner Inc. (2008)

Der Betrieb der IT wird auch schon bei mittelständischen Unternehmen in einem Rechenzentrum durchgeführt. Im Rechenzentrum (RZ) befinden sich die Server des Unternehmens. Beim Betrieb der Rechner wird Wärme freigesetzt. Um eine Überhitzung zu verhindern, muss der Raum klimatisiert werden.

Hier wird der Definition eines Rechenzentrums des eco Verbandes gefolgt. „Ein Rechenzentrum ist mindestens ein eigenständiger, baulich getrennter Raum mit einfacher Klimatisierung, einfacher Stromversorgung, einer USV- d.h. einer unterbrechungsfreien Stromversorgung (Qualitätsstrom geglättet, Überspannungsschutz, etc.) ausgelegt mit fünf Minuten Überbrückungszeit zum Herunterfahren der Betriebssysteme, Einrichtungen zur Branderkennung (Rauchmelder) und zur Brandbekämpfung (Feuerlöscher), minimalem physikalischen Zugangsschutz und stabiler Netzanbindung (ein Provider, eine unabhängige Netzzuführung)."[11]

Auf der Basis der Ausstattung der Rechenzentren wurde durch das Uptime Institute die sog. Tier-Klassifizierung erstellt. In der einfachsten Stufe Tier-I ist keinerlei Redundanz vorhanden. Die Stromversorgung und Klimatisierung sind in der Stufe II redundant verfügbar. Die Versorgungswege (Leitungen) sind nur einfach vorhanden. Ab der Stufe III sind auch die Versorgungswege doppelt ausgelegt. Das Rechenzentrum wird auf zwei Räume aufgeteilt, die sich in unterschiedlichen Brandabschnitten befinden. Vorzugsweise befinden sich die beiden Serverräume auch in unterschiedlichen Gebäuden. Die Stufe IV repräsentiert ein vollkommen redundantes Rechenzentrum. Mit dem jeweiligen Tier-Level steigen die Investitionen entsprechend stark an.[12]

---

[11] Pulvermüller (2009) S. 5
[12] Turner et al. (2008) S. 4

In einer Studie hat McKinsey im Jahr 2008 festgestellt, dass 25% der IT-Kosten auf den Betrieb des Rechenzentrums entfallen.[13] Durch die steigenden Energiekosten ist mit einem weiteren Anstieg des Kostenanteils zu rechnen. Der Preis für eine kWh Strom ist in den vergangenen 11 Jahren um 33% gestiegen.[14] In den letzten Jahren standen die Rechenzentrumskosten noch nicht im Fokus des IT-Controllings. Zu Beginn der Nutzung der IT im Unternehmen gab es die ersten Ansätze zur Integration der IT-Kosten in die Kosten- und Leistungsrechnung.[15]

In diesen Ansätzen wurden allerdings noch nicht die Energiekosten ausreichend beachtet. Um ein nachhaltiges Kostenmanagement für den IT-Betrieb zu etablieren, müssen auch die Energiekosten integriert werden. Bei der Bestimmung der Gesamtkosten eines Rechenzentrums fällt eine Besonderheit auf: Die Kosten für die Energie und die restlichen Kosten für den Betrieb des Rechenzentrums liegen nicht in einer Verantwortung.

Die Energie- und Immobilienkosten sind oft beim Facility Management angesiedelt. Die IT-Abteilung ist für die Ausstattung des Data Centers mit Server und anderen technischen Komponenten zuständig. So müssen die beiden Abteilungen zusammenarbeiten, wenn es gilt, gesamtheitliche Entscheidungen zu treffen. Alle Komponenten, die für die Leistungserstellung notwendig sind, müssen identifiziert werden. So kann Transparenz über die Kostenstruktur entstehen.

[13] Kaplan et al. (2008) S. 2
[14] Eurostat (2011)
[15] Funke (1999); Marusev und Terhyden (1983); Zilahi-Szabo (1988)

In einer Studie der Hochschule Bonn-Rhein-Sieg wurden im Jahr 2009 Unternehmen zum Thema Green IT befragt. Die Energie-kosten der IT waren nur 25% der Unternehmen bekannt, 45,5% kannten die Energiekosten nur teilweise. Die restlichen Unternehmen hatten keine Kenntnisse in diesem Bereich.[16]

Die Fraunhofer Studie zur Abschätzung des Energiebedarfs von Servern und Rechenzentren in Deutschland geht von einer Steigerung des Stromverbrauchs von 9,1TWh/a (2007) auf 12,3 TWh/a im Jahr 2020 aus.[17] Um den benötigten Strom zu erzeugen, werden ca. drei mittelgroße Kohlekraftwerke benötigt. Betrachtet man den globalen Energieverbrauch, stellt man fest, dass ca. 2% der weltweiten Stromproduktion durch Rechenzentren verbraucht werden. Zunächst erscheinen 2% nicht viel. Ein durchschnittli-ches Rechenzentrum verbraucht genau so viel Strom wie 25.000 Haushalte.[18]

---

[16] Gadatsch (2009) S. 18
[17] Fraunhofer IZM und Fraunhofer ISI (2009) S. 83
[18] Kaplan et al. (2008) S. 3

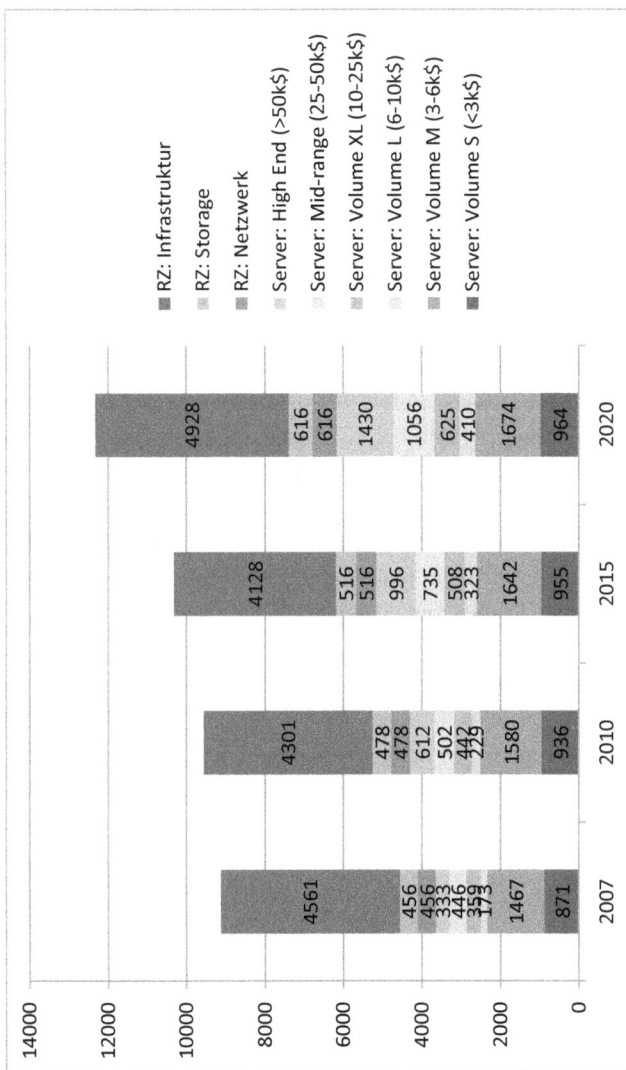

Abb. 2: Stromverbrauch von Rechenzentren in Deutschland[19]

---

[19] Fraunhofer IZM und Fraunhofer ISI (2009) S. 84

Neben der Leistungssteigerung der Server ist es auch zu einer Verschiebung der Aufteilung zwischen den einzelnen Serverklassen gekommen. Die Anzahl der High End und Mid-range Server nimmt zu. Durch den Einsatz der größeren Server kann der Energiebedarf gesenkt werden. Mehrere Anwendungen bzw. Services werden gemeinsam auf einem Server bereitgestellt.

Durch den steigenden Anteil am IT-Budget ist die Effizienz der Rechenzentren auch im Interesse des IT-Controllings angekommen. Ein weiterer Faktor ist die höhere Kapazitätsdichte durch den technologischen Fortschritt. Die neuen Server brauchen wesentlich weniger Platz bei einer höheren Leistung. Mit der Leistung ist aber auch der Energiebedarf gestiegen. Zu Beginn des IT-Einsatzes in Unternehmen vor rund 16 Jahren wurden Rechenzentren mit 500-800W/qm geplant. Neue Rechenzentren werden heute mit 1.000W/qm realisiert. Zusätzlich ist noch eine Ausbaureserve auf 1.500W/qm eingeplant.[20]

Der Energieverbrauch eines Volumenservers ist zwischen den Jahren 2000 und 2006 um 20% gestiegen.[21] Durch die geringe Größe der neuen Volumenserver nimmt der Energieverbrauch pro qm zu. Zusätzlich zum Energieverbrauch steigt auch die Wärmeabgabe.

---

[20] Wilkens und Terrahe (2012) S. 4
[21] Anton Beloglazov et al. (2010) S. 4

Maßnahmen zur Verbesserung der Energieeffizienz in RZ

In einer Studie hat die deutsche Energie Agentur (dena) aufgezeigt, dass bis zu 75% der Energiekosten durch verschiedene Maßnahmen eingespart werden können.[22] So konnte die Bundesagentur für Arbeit durch die Zentralisierung von IT-Anwendungen und den Einsatz von energieeffizienten Servern eine Stromkosteneinsparung von 1 Mio € pro Jahr erzielen.

Energieeffiziente Netzteile

Durch den Einsatz von besonders energieeffizienten Netzteilen kann der Energieverbrauch gesenkt werden. Das Netzteil wandelt Wechselstrom in Gleichstrom mit niedriger Spannung um. Bei der Umwandlung geht Energie verloren. Diese Energie kann nicht mehr für die IT-Last verwendet werden. Der Energieverlust wird ebenfalls in Wärme umgewandelt.

Durch die „80 Plus Zertifizierung" ist ein Standard für Netzteile geschaffen worden. Ein normales Netzteil erreicht eine Effizienz von 70%. Um die Zertifizierung zu erreichen, müssen die Netzteile eine Effizienz von mindestens 80% bei verschiedenen Auslastungen erreichen.

CPU Power Saving

Die Server im Rechenzentrum sind in der Regel immer angeschaltet. Der Stromverbrauch der Server hängt von der Auslastung ab. Bereits im Leerlauf (Idle Zustand) verbraucht ein Server 50% der maximalen Leistungsaufnahme.[23]

---

[22] Deutsche Energie Agentur (dena) (2012) S. 16 f
[23] Barroso und Hölzle (2007) S. 35

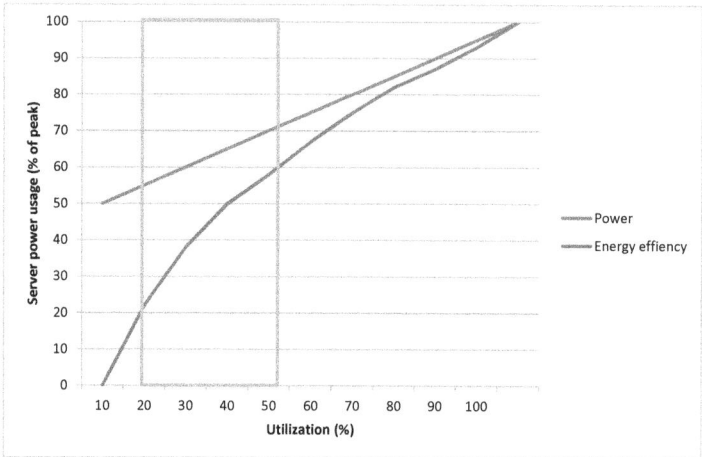

Abb. 3: Serverstromverbrauch und Energieeffizienz[24]

In Abbildung 3 wird deutlich, dass der Stromverbrauch linear zur Auslastung steigt. Die meisten Server haben eine Auslastung von 30-50%. Über das Jahr wird oft nur eine durchschnittliche Nutzung von 5-15% erreicht. Die Bereitstellung der Dienste erfolgt rund um die Uhr. Bei einem deutschen Unternehmen werden die meisten Services nur während der üblichen Bürozeiten genutzt.

Nach 19:00 Uhr fällt die Nutzung der Systeme stark ab. Die Hersteller der Prozessoren haben daher in der aktuellen Produktgeneration eine Energiesparfunktion eingebaut. Wird die CPU nicht genutzt, kann die Spannung reduziert werden.

---

[24] Barroso und Hölzle (2007) S. 35

Der Unterschied in der Leistungsabnahme im Idle Modus beträgt
bis zu 75%. Mit zunehmender Auslastung wird der Unterschied
zwischen Energiesparmodus und normalem Betrieb immer kleiner. Eine weitere Möglichkeit zur Reduzierung der Energiekosten
ist die Abschaltung von nicht genutzten Servern. Server, die keine
Funktion mehr haben, sollten abgeschaltet und aus dem Rechenzentrum entfernt werden.

Server, die nicht rund um die Uhr genutzt werden, können zeit-
weise ausgeschaltet werden. So kann der Server, der in der Nacht
die Sicherung durchführt, am Tag heruntergefahren werden. Um
die Betriebskosten zu senken, können auch alte Geräte durch
leistungsfähigere ausgetauscht werden. Die neuen Gerätegenera-
tionen bieten in der Regel ein besseres „Leistung pro Watt" Verhältnis. Dieses Verhältnis wird durch den SPECpower-
Benchmark ermittelt. Bei der Ermittlung wird auf dem Server das
Server Efficency Rating Tool (SERT) ausgeführt. Das Tool wird
durch die Organisation Standard Performance Evaluation Corpo-
ration (SPEC) bereitgestellt.[25] Basis für den Benchmark sind die
Komponenten CPU, RAM und Disk.

Im Benchmarktest werden 10 unterschiedliche Lastniveaus untersucht. Beim Vergleich zwischen einem Server HP G7 (3,07 GHz,
Intel XEON X5675) und dem Vorgängermodell G5 (2,66 GHz,
Intel XEON L5430) wird deutlich, dass die neuen Server wesentlich energieoptimierter arbeiten. Der G7 erreicht 3,197 overall
ssj_ops/watt gegenüber 734 overall ssj_ops/watt.

---

[25] http://www.spec.org/

Klimatisierung

Durch die höhere Leistungsdichte wird die Klimatisierung dringend benötigt. Um die Wärme aus einem kW Strom abzubauen, wird ca. ein kW Kühlleistung benötigt. Eine Faustregel für die Ermittlung der Kühlleistung lautet: Die Kühlleistung sollte maximal 120% der IT-Kapazität sein. Die genaue Kühlleistung lässt sich mit der folgenden Formel berechnen:[26]

$$\text{Kühlleistung}_{Srv} = \frac{Leistung_{Srv}(W) \cdot CLF \cdot AR}{AD} \quad \text{(Formel 1)}$$

Die Energieaufnahme des Servers in Watt wird eingesetzt. Die Konstanten sind empirisch ermittelt worden.

Name	Beschreibung	Wert
Cooling Load Factor (CLF)	Energie, die benötigt wird, um 1W Wärmeleistung zu beseitigen	0,8
Airflow Redundancy (AR)	Luftstromredundanz	125%
Airflow Derating (AD)	Anteil des Luftstroms, der für die Kühlung verwendet werden kann	80%

---

[26] Farronato (2009) S. 12

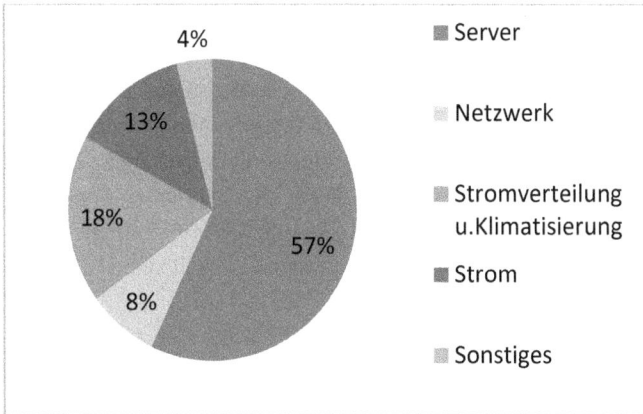

4%
13%
18%
8%
57%

- Server
- Netzwerk
- Stromverteilung u.Klimatisierung
- Strom
- Sonstiges

Abb. 4: Aufteilung der Rechenzentrumskosten[27]

Die Temperatur in einem Rechenzentrum sollte zwischen 24°C und 27°C betragen. Die relative Luftfeuchtigkeit muss sich im Bereich von 35% bis maximal 60% bewegen. Steigt die Temperatur zu stark an, kann es zu Ausfällen kommen. Die Server „laufen heiß" und die eingebauten Ventilatoren vernichten den Energiegewinn der Klimaanlage wieder.

Die abgegebene Wärme wird in Watt oder British Thermal Unit (BTU) gemessen. Die Einheit BTU ist veraltet, wird aber immer noch durch die Hersteller genutzt. Der Wert der Wärmeabgabe kann ebenfalls in kW umgerechnet werden.

1 BTU/h = 0.00029307107 kW bzw.
$P(kW) = P(BTU/h) / 3412.142$

---

[27] Hamilton (2010)

Um den Bedarf an Klimaleistung feststellen zu können, muss die Gesamtmenge an Abwärme errechnet werden. Die Gesamtmenge kann aus den Einzelwerten zuzüglich der Werte von Beleuchtung und Personal ermittelt werden. Bei diesem Modell werden Umwelteinflüsse wie Sonneneinstrahlung nicht beachtet. Es gibt unterschiedliche Arten der Klimatisierung. In kleinen Serverräumen werden oft Split-Systeme eingesetzt. Diese Systeme erfordern nur eine geringe Investition und sind einfach zu installieren.

In größeren Rechenzentren befinden sich die Server in Schränken, in sogenannten Racks. Die Schränke werden in Reihen aufgestellt. Ziel dieser Aufstellung ist es, die Warm- und Kaltluft zu trennen. Vor der Reihe befindet sich die kalte Luft, die von den Servern angesaugt wird. Die Luft kühlt den Server und wird auf der Rückseite wieder ausgegeben. Um den Luftstrom besser lenken zu können, wird um die Racks noch ein weiteres Gehäuse gebaut. So können sich Warm- und Kaltluft nicht vermischen. Sind sehr viele leistungsstarke Server in einem Rack eingebaut, ist die Kühlung mit Luft nicht mehr ausreichend. In solchen Fällen wird Wasserkühlung eingesetzt.

Eine besonders umweltfreundliche Art der Kühlung ist die freie Kühlung. Bei der freien Kühlung wird Außenluft verwendet. Je kühler die Außenluft ist, desto weniger muss zusätzlich heruntergekühlt werden. In vielen Unternehmen in Deutschland könnte durch die niedrigen Temperaturen eine freie Kühlung eingesetzt werden.

Neben den Kosten für die Server sind die wesentlichen Kostentreiber Klimatisierung und Stromversorgung mit 31%.[28]

---

[28] Hamilton (2010)

Unterbrechungsfreie Stromversorgung (USV)

Die USV sorgt für die Versorgung des Rechenzentrums mit Strom, wenn die Versorgung durch den Stromanbieter unterbrochen ist. So kann der Betrieb des Rechenzentrums noch eine Weile aufrechterhalten werden. Da der Stromverbrauch sehr groß ist, kann der Betrieb nicht sehr lange über die USV betrieben werden. Große Rechenzentren sind zusätzlich mit einer eigenen Stromquelle ausgestattet. Der Notstrom wird meistens durch Dieselgeneratoren erzeugt. Die USV muss nur den Zeitraum zwischen dem Ausfall der externen Stromversorgung und dem Anlaufen des Notstromgenerators überbrücken.

Ähnlich wie bei den Netzteilen kann nicht der komplette Eingangsstrom genutzt werden. Bei einer optimalen USV würden 100% für die IT-Last zur Verfügung stehen. In der Praxis sind Wirkleistungen von 60-80% anzutreffen. Der Verlust setzt sich aus zwei unterschiedlichen Teilen zusammen. Die USV hat einen Leerlaufverlust bedingt durch die Komponenten, die vom Strom durchlaufen werden. Befindet sich die USV unter Last, steigt der Verlustanteil proportional mit der zusätzlichen Last.

Anwendungslandschaft

Unternehmen setzen heute eine Vielzahl von Anwendungen ein. Die Applikationen unterstützen die Geschäftsprozesse des Unternehmens. Um die Anwendungen betreiben zu können, ist eine entsprechende IT-Infrastruktur notwendig. Die IT-Infrastruktur besteht aus Servern und Netzwerkkomponenten.

34

Neben der Investition beim Kauf der Anwendung entstehen während der kompletten Betriebsdauer der Anwendung weitere Kosten. In einer Studie der Universität St. Gallen aus dem Jahr 2004 zeigte sich, dass 80% der Kosten während der Produktion anfallen.[29] Es wurden 30 Anwendungen untersucht. Die durchschnittliche Betriebsdauer lag bei 3,1 Jahren. Allerdings war die Anwendung mit der längsten Betriebsdauer 16,4 Jahre im Einsatz. Über den gesamten Lebenszyklus der Anwendung hinweg wurde diese oft nicht konsequent betreut. Besonders die Außerbetriebnahme erfolgte nicht.

Capgemini hat in einer Studie die Aktualität der Anwendungslandschaft in 100 Unternehmen untersucht. Jede fünfte Anwendung wird nicht mehr benötigt oder hat eine redundante Funktionalität.[30] Die Anwendungen können ersatzlos abgeschaltet werden. Durch die Abschaltung werden Serverkapazitäten im Rechenzentrum wieder frei.

Die Bestimmung der Betriebskosten ist für viele Unternehmen sehr schwierig. Zur Bestimmung der Kosten ist eine genaue Kenntnis der Betriebsprozesse notwendig. Die Anwendungskosten setzen sich aus direkten und indirekten Kosten zusammen. Zu den direkten Kosten gehören Hard- und Softwarekosten, Wartungsverträge und Personalkosten. Wird eine Hardware nicht exklusiv von einer Applikation genutzt, wird ein Teil der Hardware der Anwendung zugerechnet. Gleiches gilt für gemeinsam genutzte Infrastrukturkomponenten. Stromkosten werden bei der Investitionsentscheidung teilweise schon mit einbezogen.

---

[29] Zarnekow, R. (2004) S. 186
[30] Capgemini (2011) S. 5

Allerdings ist in den Betriebskosten bisher oft noch kein Anteil der Energiekosten eingerechnet, da die Energiekosten nicht den Anwendungen zugeordnet werden können.[31]

Virtualisierung

Die Virtualisierungstechnik von Servern ist keine neue Erfindung. Bereits Ende der 50er Jahre beschäftigte sich Christopher Strachey mit dem Thema, wie sich die Rechenzeit optimal nutzen lässt. Die Rechenzeit war damals sehr wertvoll. Die IT war zu dieser Zeit noch durch Großrechner (Mainframe) geprägt. Die Anschaffungskosten für einen Mainframe waren sehr hoch. Nur staatlichen Institutionen und Großunternehmen war die Anschaffung eines solchen Gerätes möglich.

Starcey erfand die logische CPU. Auf der logischen CPU können Programme wie auf der physikalischen CPU ausgeführt werden. Zunächst wurde versucht, die Hardware der Rechner zu virtualisieren.[32]

Anfang der 60er Jahre wurde an der Universität Manchester ein neuer Hochleistungsrechner[33], der sog. ATLAS Computer, gebaut. Um die Kosten zu senken, wurde der Hauptspeicher (RAM) des Rechners virtualisiert.

---

[31] Gadatsch (2010), S. 359
[32] Singh (2004)
[33] Ein Hochleistungscomputer ist ein Computer, der am obersten technologischen Leistungsbereich arbeitet. Ein Synonym ist Supercomputer.

Mitte der 60er Jahre entstand in Zusammenarbeit von MIT und IBM die erste sog. virtuelle Maschine (VM). Die Ressourcen (CPU, RAM, Festplatten) des Mainframe-Rechners wurden dabei auf mehrere Konsolen aufgeteilt. Die virtuelle Maschine war zunächst ein genaues Abbild der physikalischen Maschine. Auf einem IBM Großrechner wird die virtuelle Maschine logische Partition genannt (Logical Partitions; LPAR).

In den 80er Jahren wurde das Potential der Virtualisierung erkannt. Zunächst blieb die Virtualisierung ausschließlich im Bereich der Mainframes, da jeder Rechnertyp eine unterschiedliche Hardwarearchitektur aufwies.

1999 brachte die Firma VMware ein erstes Produkt für intelbasierte Rechner auf den Markt.[34] Neben der bisher beschriebenen Servervirtualisierung gibt es auch noch in vielen anderen Bereichen der IT Ansätze zur Virtualisierung. Hier sind exemplarisch Prozessor-, Netzwerk- und Speichervirtualisierung genannt.[35] Im Bereich der Servervirtualisierung gibt es neben VMware einige weitere Unternehmen, die Lösungen anbieten. Daneben sind noch Open Source Anwendungen vorhanden. Die Angebote ganzer Geschäftsmodelle basieren auf der Virtualisierung von IT-Ressourcen. Ein Beispiel sind die Webserverhoster und Cloud Computing Anbieter. Auf einem physikalischen Server werden viele virtuelle Server betrieben. Die virtuellen Server werden dann an die Kunden vermietet.

---

[34] Heute haben fast alle PCs und Server eine intelbasierte Hardwarearchitektur. Der Name leitet sich von dem Hersteller Intel ab. Es gibt auch Hersteller wie AMD, die Prozessoren für die intelbasierte Hardwarearchitektur produzieren.
[35] Unter dem Begriff „Speicher" wird hier Festplattenspeicher verstanden

Bei der Virtualisierung wird zwischen zwei Systemebenen unterschieden: der logischen und der physikalischen Ebene. Ressourcen werden nicht mehr dediziert zugewiesen, sondern können gemeinsam genutzt werden. Diese flexible Ressourcenallokation bildet eine der wichtigsten Funktionalitäten der Virtualisierung. Die Virtualisierung lässt sich in drei unterschiedliche Bereiche unterteilen. Der Ursprung der Virtualisierung ist die Partitionierung. Hier wird ein physikalischer Rechner in mehrere logische Systeme unterteilt.

Bei der zweiten Form der Virtualisierung werden mehrere physikalische Systeme zu größeren logischen Systemen verbunden (Aggregation). Die Aggregation wird verwendet, wenn sehr viel Rechenleistung benötigt wird. Das trifft beim Grid-Computing zu. Hier werden viele Rechner zu einem logischen Rechner zusammengeschaltet und gemeinsam die Rechenoperationen durchgeführt werden. Es gibt keine Einzelrechner mit dieser Leistung am Markt. Anwendungen, die eine solch hohe Rechenleistung benötigen, sind zum Beispiel Wetterprognosen und die Berechnung von Sterbetafeln.

Eine dritte Variante ist die Emulation. Bei der Emulation werden auf einem physikalischen Rechner weitere Rechner mit einer unterschiedlichen Systemarchitektur betrieben. Auf einem IBM Mainframe kann beispielsweise ein Linux Rechner betrieben werden.

Im Folgenden wird auf die Servervirtualisierung näher eingegangen. Bei einer Servervirtualisierung wird immer von der Virtualisierung des Gesamtsystems gesprochen. Die Servervirtualisierung lässt sich in vier unterschiedliche Varianten unterteilen:

Physische Partitionierung

Bei der physischen Partitionierung erfolgt die Virtualisierung auf der Basis von Baugruppen. Eine Baugruppe kann ein Systemboard oder Steckkarten beinhalten. Die einzelnen Baugruppen sind unabhängig voneinander. So kann z.B. eine Baugruppe neu gestartet werden ohne einen Einfluss auf die anderen Baugruppen zu haben. Die Erweiterung der virtuellen Server ist bei der physischen Virtualisierung nicht so flexibel wie bei den anderen Virtualisierungsarten. Grund ist die direkte Zuordnung der Hardware. Die virtuellen Server sind ein Abbild der physikalischen Rechner.

Hypervisorbasierende Virtualisierung

Die hypervisorbasierende Virtualisierung kann auf zwei unterschiedlichen Ebenen realisiert werden. Eine Ebene arbeitet direkt mit der Hardware-Ebene zusammen. Es wird kein Betriebssystem benötigt. Da kein Betriebssystem vorhanden ist, entsteht auch kein Overhead. Es entstehen nur geringe Geschwindigkeitseinbußen gegenüber dem nativen Betrieb.

Der Hypervisor stellt virtuelle Server zur Verfügung. Nachteil bei dieser Virtualisierungsvariante ist, dass der Hypervisor auf die Hardware abgestimmt werden muss. Es ist es ist nicht möglich, beliebige Hardware einzusetzen. Die Hersteller der Virtualisierungssoftware zertifizieren bestimmte Modelle großer Hersteller für den gemeinsamen Einsatz mit ihrer Software. Ein Beispiel für die hypervisorbasierende Virtualisierung ist der VMware ESX Server.

Virtualisierung in einem Trägerbetriebssystem

Auf der Hardware wird zunächst das Betriebssystem installiert. Nach der Betriebssysteminstallation wird die Virtualisierungssoftware als Anwendungsprogramm installiert. Die Kommunikation zwischen der Virtualisierungsschicht und der Hardware erfolgt durch das Betriebssystem. Die Isolation zwischen den virtuellen Maschinen ist nicht so ausgeprägt wie bei der hypervisorbasierenden Virtualisierung, da einige Funktionen des Trägerbetriebssystems gemeinsam genutzt werden. So wird deutlich, dass bei dieser Form der Virtualisierung die Virtuali-sierungsschicht im Schichtenmodell nach oben wandert. Ein bekanntes Beispiel ist Microsoft Hyper-V auf der Basis des Windows Server Betriebssystems.

Betriebssystemvirtualisierung

Bei der Betriebssystemvirtualisierung gibt es keine separate Virtualisierungsschicht. Hier wird versucht, ein komplettes System mit Hilfe der Virtualisierungssoftware nachzubilden. Diese Betriebssystememulation wird auch häufig als Systememulation bezeichnet.

Durch den Einsatz der Virtualisierungstechnik können Energiekosten reduziert werden. Mit Hilfe dieser Virtualisierungstechnologie können die benötigten Dienste von mehreren physikalischen Servern in die virtualisierte Umgebung migriert werden. Durch die Konsolidierung der Speicher- und Serverinfrastruktur wird auch die Anzahl der Server reduziert.

Durch die geringere Anzahl der Server wird weniger Energie und Kühlleistung benötigt. Für jede Anwendung wird ein eigener Server eingerichtet. Die Leistung des Servers ist an der Maximallast ausgerichtet. So ist der Server über das Jahr zwischen 5 und 15 % ausgelastet. Die restliche Kapazität liegt brach. Der Server braucht im Leerlaufzustand bereits ca. 50% der Energie, die er bei Maximallast benötigt.

Die Installation von mehreren Anwendungen auf einem Server wird vermieden, da befürchtet wird, dass sich die Anwendungen beeinflussen. Auch sind die Anforderungen an den Server zwischen den Anwendungen sehr unterschiedlich. Jede Anwendung bekommt einen dedizierten Server. Ein weiterer Grund sind die unterschiedlichen Personengruppen, die für die Anwendungsbetreuung zuständig sind.

Beim Einsatz der Servervirtualisierung werden leistungsstarke Server im Vergleich zu den Applikationsservern gekauft. Diese Server sind die „Gastgeber" oder Hosts für alle virtuellen Server. Mehrere Hosts können zu Ressourcenpools zusammengefasst werden. Aus diesen Pools können Ressourcen entnommen und zu einer neuen logischen Einheit generiert werden. Es entsteht ein virtueller Server (virtuelle Maschine, VM). Eine Anwendung kann nicht mehr dem Hardwareserver eindeutig zugeordnet werden. Die VM bildet einen Server nach, der in einer abgeschotteten Umgebung auf dem physikalischen Server betrieben wird. Zwei virtuelle Server können sich nicht gegenseitig beeinflussen.

Die Komponenten sind konfigurierbar (CPU, RAM und Festplatten). Für Leistungsspitzen können die Ressourcen eines virtuellen Servers temporär erhöht werden. Durch den Ressourcenpool entsteht eine höhere Flexibilität. Es muss kein neuer Server beschafft werden.

Auf einem physikalischen Server, der die Servervirtualisierung bereitstellt, kann die Auslastung verbessert werden. In der Praxis sind Auslastungen bis zu 80% bereits realisiert worden.[36] So kann die gleiche Anzahl Anwendungen mit wesentlich weniger physikalischen Servern betrieben werden. Durch die Servervirtualisierung wird auch die Administration vereinfacht.

Das deutsche Umweltministerium konnte so seine Energiekosten um 68% senken.[37] Das Verhältnis Konsolidierung durch Virtualisierung liegt bei ca. 1:10.

Virtuelle Maschinen können zwischen den physikalischen Servern verschoben werden. Diesen Vorgang nennt man Livemigration. Bei der Livemigration kommt es zu keinem Ausfall des virtuellen Servers. Der virtuelle Server ist immer zu erreichen. Durch die technischen Leistungsparameter des physikalischen Servers ist die Kapazität an virtuellen Maschinen vorgegeben.

Je nachdem wie stark die virtuelle Maschine beansprucht wird, werden auch Ressourcen des Host-Servers benötigt. So können mehr VMs auf dem Host betrieben werden, die eine niedrige Last haben. Um die vorhandene Kapazität optimal zu nutzen, gibt es Algorithmen, die die virtuellen Maschinen auf die Server verteilen. So können die virtuellen Server auf einigen Servern zusammengeschoben werden. Die freien Server können dann in einen Schlafzustand versetzt werden. Verändern sich die Anforderungen an die virtuellen Server, kann der physikalische Server wieder aktiviert werden. In der Studie von Liu et. al. haben sich signifikante Energieeinsparpotenziale gezeigt.[38]

---

[36] Fraunhofer IZM und Fraunhofer ISI (2009) S. 85
[37] Schäppi (2011) S. 22
[38] Liu et al. (2009) S. 37

Es besteht außerdem die Möglichkeit, die Server während der Nachtstunden, wenn sie nicht oder nur sehr wenig in Anspruch genommen werden, auf wenigen physikalischen Servern zusammenzufassen.

Messung und Zuordnung der Energiekosten

Die Erhebung des Energieverbrauchs eines Rechenzentrums ist oft schwierig. Wenn sich das Rechenzentrum in einem Bürogebäude befindet, gibt es sehr häufig nur einen Stromzähler, der den Stromverbrauch des gesamten Gebäudes aufzeichnet. Wenn die Erfassung des Stromverbrauchs granularer erfolgen soll, müssen im Rechenzentrum noch weitere Messstellen eingerichtet werden.

Um den Stromverbrauch der einzelnen Server feststellen zu können, müssen spezielle Steckerleisten im Rechenzentrum eingebaut werden. Die Steckerleisten bilden einen Zwischenzähler. Dieser kann über das Netzwerk abgefragt werden. So kann der Einzelverbrauch ermittelt werden.

Um Rechenzentren vergleichen zu können, sind Kennzahlen definiert worden. Die bekannteste Kennzahl ist Power Usage Effectiveness (PUE).

$$PUE = \frac{Energieverbrauch\,RZ}{Energieverbrauch\,IT} \quad \text{(Formel 2)}$$

Der Energieverbrauch des Rechenzentrums wird direkt am Zähler des Energielieferanten gemessen. Nur so kann der Energieverbrauch für das komplette Rechenzentrum ermittelt werden. In diesem Wert sind alle Kühlungssysteme, alle IT-Systeme und die Systeme der Stromversorgung (USV u.ä.) enthalten.

Um den Energieverbrauch der IT-Systeme zu ermitteln, muss eine Messung direkt am Stromanschluss des Gerätes erfolgen. Besonders bei großen Rechenzentren ist dies sehr aufwändig. Google soll in seinen 30 Rechenzentren aktuell ca. 1 Mio Server betreiben. Dies entspricht ca. 2% der Server aller weltweiten Serverinstallationen.[39] Eine Alternative ist, den Stromverbrauch auf Basis der technischen Datenblätter der Hersteller zu ermitteln. Eine weitere bekannte Kennzahl ist Data Center Infrastructure Efficency (DCiE). Der PUE Wert ist der Kehrwert des DCiE Quotienten. Der PUE Wert ist eine zeitpunktbezogene Messung und so können sich unterschiedliche PUE Werte ergeben. Beispielsweise ist der Energiebedarf der Klimatisierung von der Außentemperatur abhängig. Für die Ermittlung des PUE Wertes ist kein Messintervall vorgegeben. Viele Wissenschaftler kritisieren das bei dieser Kennzahl.

Bei einem PUE Wert von 1 würde 100% der Energie für die IT-Last zur Verfügung stehen. In der Studie des eco Verbandes lagen die Messwerte zwischen 1,17 und 2,21. Von den 49 Teilnehmern der Studie waren nur 13 Rechenzentren in der Lage, einen validen PUE Wert zu berechnen.[40]

---

[39] Royal Pingdom (2009)
[40] Pulvermüller S. 7ff

Eine Abhängigkeit zwischen dem PUE Wert und der Tier-Klasse des Rechenzentrums konnte nicht nachgewiesen werden. Wird die Abwärme des Rechenzentrums zurückgewonnen oder für einen anderen Zweck weiterverwendet, wird dies in der ursprünglichen PUE Berechnung nicht beachtet.

Folgendes Beispiel soll den monetären Unterschied zwischen zwei Rechenzentren mit unterschiedlichen PUE Werten verdeutlichen. Das Rechenzentrum enthält 100 Server, die jeweils eine Wirkleistung von 1.500W haben. Die kW-Stunde kostet 0,1€. Rechenzentrum A hat einen PUE Wert von 1,2.

$$Verbrauch\ (€) = \frac{100 \cdot 1.500W}{1000} \cdot 0,1€ \cdot 1,2 \cdot 24 \cdot 365 = 157.680€$$

Rechenzentrum B hat einen PUE Wert von 1,8

$$Verbrauch\ (€) = \frac{100 \cdot 1.500W}{1000} \cdot 0,1€ \cdot 1,8 \cdot 24 \cdot 365 = 236.520€$$

Da ein durchschnittliches Rechenzentrum einen PUE Wert von 1,8 hat, ergibt sich ein Kostennachteil von 78.840€ gegenüber dem Rechenzentrum A. [41]

Um die saisonalen Schwankungen des PUE Wertes über das Jahr hin auszugleichen, wurde die Kennzahl Energy Usage Effectiveness (EUE) erstellt.

$$EUE = \frac{Energiebedarf \text{ des RZ p.a.}}{Energiebedarf \text{ der IT p.a.}} \quad \text{(Formel 3)}$$

---

[41] Natural Ressources Denfence Council (2012) S. 16

Exemplarische Berechnung für ein Mini-Rechenzentrum mit zwei Servern

Im Rechenzentrum eines kleinen Unternehmens stehen zwei Server. Der Serverraum befindet sich im Bürogebäude und wird durch eine Klimaanlage gekühlt. Der Serverraum hat keinen eigenen Stromzähler, so müssen die Stromkosten auf Basis der Datenblätter erstellt werden. Neben der Wirkleistung muss auch noch die Wärmeproduktion erhoben werden (BTU Wert).

Hersteller	Modell	Wirkleistung (kW)	Wärmeabgabe (BTU/h)	Funktion
Dell	R420	0,55	2.133	Fileservice
Dell	R520	1,1	4.416	ERP
Summe		1,65	6.549	

Neben der Erfassung der technischen Daten der Geräte, sollte auch eine Klassifizierung des Verwendungszwecks (Funktion) erfolgen. So ist es möglich, die Energiekosten einer Anwendung zuzuordnen.

Um die Rechnung einfacher zu gestalten, wird ein Preis von 0,1€ pro kWh eingesetzt. Um die Stromkosten der beiden Server aus dem Beispiel zu ermitteln, muss der Jahreswert errechnet werden:

$1,65 \ kW \ \cdot 24 \ \cdot 365 \ \cdot 0,1€ = 1.445,40€$ p.a.

Anteil an den Klimatisierungskosten

$$\frac{6.549 \ BTU/H}{3412,142} \cdot 24 \cdot 365 \cdot 0,1€ = 1.681,33€ \ p.\,a.$$

Um die verursachten Energiekosten den Services zuordnen zu
können, wird der jeweilige Anteil an den Gesamtkosten berechnet. So entfallen auf den Fileserver Energiekosten in Höhe von
481,80€. Ist die Zuordnung zwischen den Servern und ihrer Ver-
wendung bekannt, können die wirklichen Betriebskosten ermittelt
und den Anwendungen zugeordnet werden. Die Gesamtkosten
betragen demnach 3.126,73€ im Jahr.

Integration der Energiekosten in das IT-Kostenmanagement

Ein Ziel der IT-Kostenrechnung ist die Schaffung von Transparenz über die entstandenen Kosten. Die Kosten setzen sich aus
direkten und indirekten Kosten zusammen. Die direkten Kosten
können einem Kostenträger bzw. einer Anwendung zugeordnet
werden. Die indirekten Kosten können keinem Kostenträger verursachungsgerecht zugeordnet werden.

In vielen Unternehmen findet noch keine Verrechnung von IT-
Leistungen statt. In einer IDC Untersuchung aus dem Jahr 2002
wurden deutsche Unternehmen mit mehr als 500 Mitarbeitern
befragt, ob sie eine IT-Leistungsverrechnung durchführen. Knapp
die Hälfte aller Unternehmen verrechnet die IT-Kosten ausschließlich über einen Gemeinkostenschlüssel.[42]

---

[42] Gadatsch und Mayer (2004) S. 142

Weitere Ziele der IT-Kostenrechnung sind die Ermittlung und Darstellung der beeinflussbaren IT-Kosten. Nur wenn die beeinflussbaren IT-Kosten bekannt sind, können auch entsprechende Maßnahmen zur Steuerung durchgeführt werden.[43]

Liegen diese Informationen nicht vor, ist die richtige Datenbasis für die Entscheidungsfindung nicht vorhanden. Es fehlen oft monetäre Daten über den Stromverbrauch oder auch mengenmäßige Daten über den Energieverbrauch. So können Einsparungen nur vermutet werden, da die Istwerte nicht bekannt sind.

Beim klassischen Rechenzentrum werden alle Investitionsgüter in der Anlagenbuchhaltung erfasst und die anfallenden Abschreibungen können so mit dem entsprechenden Service verrechnet werden.

Die Zuordnung zwischen Investitionsgut und Anwendung wird durch die Virtualisierung aufgehoben. Der virtuelle Server kann von beliebigen physikalischen Servern bereitgestellt werden.

---

[43] Vgl. Appel, A. (2005) S.13

Beispiel für ein Verrechnungsmodell

Im Folgenden wird ein Verrechnungsmodell für den Betrieb von
drei virtuellen Servern entwickelt.

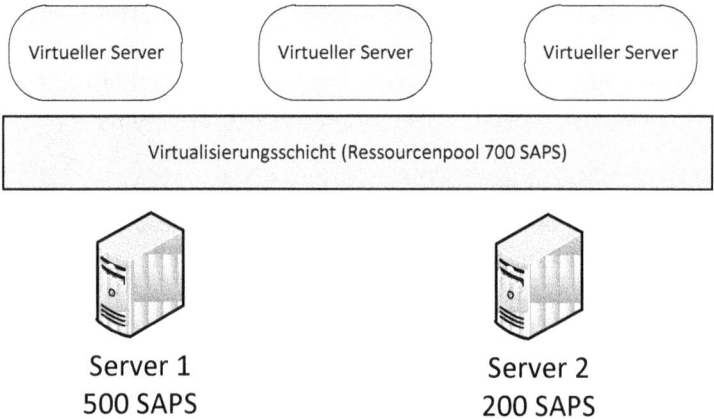

Abb. 5: Übersicht Beispiel Virtualisierungsumgebung[44]

Durch die Servervirtualisierung gibt es keine eindeutige Zuordnung mehr zwischen den physikalischen Servern und den betrie-
benen Services. Auf einem physikalischen Server werden nun
mehrere virtuelle Server betrieben. Durch die automatischen
Lastverteilungsmechanismen werden die virtuellen Server zwischen den Servern, die die Virtualisierung bereitstellen, verschoben. Die Zuordnung zwischen dem Energieverbraucher und nut-
zendem Service kann nicht mehr hergestellt werden.

---

[44] Eigene Darstellung

Es ist nur möglich, den Energieverbrauch der Servervirtualisierung zu ermitteln.

Bisher wurde für jede Anwendung ein eigener physikalischer Server betrieben. Zukünftig sollen die Server als virtuelle Maschinen bereitgestellt werden. Beim Betrieb der Anwendungen als dedizierte Server können die Kosten direkt der Anwendung zugeordnet werden.

Da sich der Kunde nicht aussuchen kann, auf welchem Server seine virtuelle Maschine betrieben wird, sollte der Euro/SAPS Wert über alle Server (Serverfarm) normiert werden. In obigem Beispiel wurde der Durchschnitt gebildet. Problematisch ist, dass sich der Preis bei Veränderungen der Serveranzahl in der Serverfarm verändert. Die Kalkulation des Preises sollte daher zusammen mit der Investitionsplanung erfolgen. Dann können aus der Investitionsplanung Preisänderungen abgeleitet werden. Für jeden Server werden neben den Abschreibungen auch noch die Energiekosten ermittelt.

In folgendem Beispiel sind die Wartungskosten für Hard- und Software und die Betriebskosten für das Personal nicht enthalten. Für die Verrechnung der virtuellen Maschinen gibt es zwei mögliche Szenarien.

Szenario 1: Abrechnung auf Basis bereitgestellter Kapazität

Bei der Installation des virtuellen Servers werden die Komponenten Hauptspeicher, Anzahl der installierten Prozessoren und Festplattenplatz festgelegt. Aus dieser Konfiguration lässt sich die Leistungsklasse des Servers ableiten, d.h. es kann die entsprechende SAPS Anzahl bestimmt werden. Der Kunde zahlt diese SAPS Anzahl in jeder Abrechnungsperiode. Die Abrechnung ist nicht nutzungsabhängig, sondern ein Festpreis pro Monat. Eine unterschiedliche Nutzung des virtuellen Servers wirkt sich nicht auf den Preis aus.

Szenario 2: Verbrauchsorientierte Abrechnung

Um eine Verbrauchsabrechnung erstellen zu können, muss der Leistungsverbrauch gemessen werden. Erfasst werden sollte der Verbrauch an CPU-Zeit und der Verbrauch des Hauptspeichers. Wenn nicht alle physikalischen Server baugleich sind, muss eine Normierung der CPU-Zeit in der Serverfarm erfolgen. Da die CPU auf dem Server 1 leistungsfähiger ist als auf Server 2, muss für jeden Server ein entsprechender Faktor ermittelt werden.

Es gibt erste Softwarelösungen, die eine verbrauchsorientierte Abrechnung ermöglichen. Zunächst sollte ermittelt werden, ob es viele virtuelle Server gibt, die eine sehr unterschiedliche Leistungsabnahme haben. Ansonsten ist der Aufwand sehr hoch, um die Abrechnung möglichst verursachungsgerecht zu gestalten.

Die Beispiele zeigen, dass die Energiekosten einen großen Anteil an den Betriebskosten haben. So sollten die Energiekosten bereits bei der Investitionsentscheidung beachtet werden. Für die Investitionsbetrachtung bietet sich ein vollständiger Finanzplan (VOFI) an.[45] Das Grundkonzept des VOFI wird um die Total Cost of Ownership (TCO) Betrachtung zu einem TCO-VOFI erweitert.[46] Das Konzept der TCO wurde im Jahr 1987 durch die Gartner Group erstellt. Im ursprünglichen Konzept wurden nur die Kosten der Arbeitsplatzrechner betrachtet. Das heutige TCO Konzept gibt die Gesamtkosten für beliebige Betrachtungsobjekte an, die während der Nutzungszeit anfallen.

Im ursprünglichen Modell sind Zins- und Steuerzahlungen nicht enthalten. Diese beiden Defizite werden im TCO-VOFI behoben.

In folgendem Exkurs wird der TCO für den aus dem vorhergehenden Beispiel bekannten DELL Server R520 berechnet. Zunächst werden in einer Nebenrechnung alle Kosten, die dem Server zugerechnet werden können, saldiert. Dabei wird zwischen aktivierungspflichtigen und aktivierungsfreien Kosten unterschieden. Die aktivierungspflichtigen Kosten werden in der Abschreibungsberechnung weiterverwendet.

Daten zur Ermittlung der Auszahlung	0	1	2	3	Summe
Hardware	4.200,00 €				4.200,00 €
Software					- €
Aktivierungspflichtige Kosten	4.200,00 €	- €	- €	- €	4.200,00 €
Kosten für den Wartungsvertrag					- €
Energiekosten		963,60 €	963,60 €	963,60 €	2.890,80 €
Klimatisierung		1.133,72 €	1.133,72 €	1.133,72 €	3.401,16 €
Personalaufwand		480,00 €	480,00 €	480,00 €	1.440,00 €
Nicht aktivierungspflichtige Kosten	- €	2.577,32 €	2.577,32 €	2.577,32 €	7.731,96 €
Operative Kosten	4.200,00 €	2.577,32 €	2.577,32 €	2.577,32 €	11.931,96 €
Einzahlung aus Liquidation	- €	- €	- €	- €	- €
Auszahlungsfolge	4.200,00 €	2.577,32 €	2.577,32 €	2.577,32 €	11.931,96 €

---

[45] Eine Einführung in VOFI findet sich in Grob (2006) S. 104ff
[46] Vgl. Grob und Lahme (2004) S. 3ff

Die Auszahlungsfolge zeigt, dass bei einer Laufzeit von drei Jahren 11.931,96€ anfallen. 65% der Kosten sind Betriebskosten. In diesem Beispiel sind keine Wartungskosten und Abschreibungen für das Rechenzentrumsgebäude enthalten, um die Modellrechnung einfacher zu gestalten.

In einer weiteren Nebenrechnung werden die anfallenden Abschreibungen berechnet. Der Server wird über drei Jahre abgeschrieben. Am Ende des dritten Jahres sind keine Erlöse durch den Verkauf zu erzielen.

Abschreibungen Server	Zeitpunkt	1	2	3
Buchwert zu Beginn des Jahres		4.200,00 €	2.800,00 €	1.400,00 €
Abschreibungen		1.400,00 €	1.400,00 €	1.400,00 €
Buchwert zum Ende des Jahres		2.800,00 €	1.400,00 €	0,00 €

Im VOFI werden die Werte aus den Nebenrechnungen übernommen. Die Investition für den Server wird über einen Kredit mit Endtilgung finanziert. Der Kredit hat eine Laufzeit von drei Jahren. Es existiert kein Eigenkapital und alle weiteren Aufwände müssen über einen Kontokorrentkredit abgewickelt werden.

Zeitpunkt	0	1	2	3
Originäre Kosten	4.200,00 €	2.577,32 €	2.577,32 €	2.577,32 €
Eigenkapital	- €			
Kredit				
+Aufnahme	4.200,00 €			
-Tilgung				4.200,00 €
-Sollzinsen		420,00 €	420,00 €	420,00 €
Kontokorrentkredit				
-Aufnahme		2.997,32 €	3.147,19 €	7.504,55 €
+Tilgung				
+Sollzinsen		- €	149,87 €	307,23 €
Steuererstattung				
Finanzierungssaldo	0	0	0	0
Bestandsgrößen				
Eigenkapital				
Kreditbestände				
Kredit mit Endtilgung	4.200,00 €	4.200,00 €	4.200,00 €	
Kontokorrentkredit		2.997,32 €	6.144,51 €	14.376,28 €
Fremdkapital	4.200,00 €	7.197,32 €	10.344,51 €	14.376,28 €
Kapital (EK+FK)	4.200,00 €	7.197,32 €	10.344,51 €	14.376,28 €

Ertragssteuerzahlung TCO-Objekt Zeitpunkt	1	2	3
Operativer Aufwand (ohne Abschreibungen)	2.097,32 €	2.097,32 €	2.097,32 €
-Korrektur durch Erträge	0,00 €	0,00 €	0,00 €
Abschreibungen	1.400,00 €	1.400,00 €	1.400,00 €
Zinsaufwand	420,00 €	569,87 €	727,23 €
Minderungen der Steuerbemessungsgrundlage	3.917,32 €	4.067,19 €	4.224,55 €
Steuererstattung	1.958,66 €	2.033,59 €	2.112,27 €

Operative Kosten (ohne AfA)	**7.731,96 €**
- Korrektur durch Erträge	- €
+ Abschreibungen	4.200,00 €
Originäre Kosten	**11.931,96 €**
+ Fremdkapitalkosten	1.717,09 €
Pagtorischer TCO vor Steuern	**13.649,05 €**
+ Eigenkapitalkosten	- €
Kalkulatorische TCO vor Steuern	**13.649,05 €**
- Ertragssteuererstattung	2.112,27 €
Kalkulatorische TCO nach Steuern	**11.536,78 €**

Die TCO für den Server beträgt 11.536,78€. Eine Steuererstattung verbessert den TCO Wert. Als derivative Kosten werden das Fremd- und Eigenkapital und die Steuerzahlungen bezeichnet.

Zusammenfassung und Fazit

Die Ermittlung der Energiekosten ist für das IT-Controlling auch weiterhin eine schwierige Aufgabe. Ausgangsvoraussetzung ist die Messung des Stromverbrauchs. Neben der technischen Messung ist auch eine Verbuchung in der Kostenrechnung notwendig. Je granularer die Messung, desto mehr Möglichkeiten gibt es, die Verursacher zu identifizieren. Ohne zusätzliche Hardware kann eine Erfassung auf Serverbasis nicht stattfinden. Über die Klassifizierung der Geräte kann eine Grundlage für die Verteilung geschaffen werden. Durch den Einsatz von Virtualisierung wird die Zuordnung zwischen den Verbrauchern und den Anwendungen noch komplexer.

Der vorgestellte Best Practice Ansatz kann ein erster Schritt zu einem nachhaltigkeitsorientierten Kostenmanagement sein. Die Energiekosten, die während der IT-Produktion anfallen, müssen den jeweiligen IT-Produkten und Prozessen zugeordnet werden. Zunächst sollte versucht werden, die Gesamtenergiekosten an einer Stelle zu sammeln. Im nächsten Schritt wird aus den Belegungsdaten ein Verteilungsschlüssel errechnet.

Durch Virtualisierung kann die Auslastung der Server gesteigert werden. Ebenfalls sind in der Regel für eine virtuelle Umgebung weniger physische Server notwendig. Eine virtualisierte Umgebung stellt die klassischen Methoden der Kostenrechnung vor Probleme. Ein Verrechnungsmodell für virtuelle Server muss erstellt werden.

Bei der Leistungsverrechnung von IT-Dienstleistungen gibt es noch viel Forschungsbedarf.

Als weitere Maßnahmen sollten eine möglichst effektive Kühlung und ein verbessertes Power Management etabliert werden. Die entstehende Wärme kann beispielsweise zur Heizung von anderen Gebäuden genutzt werden. Durch eine verbesserte Kapazitätsplanung kann der Anteil der nicht genutzten Kapazität reduziert werden.

Erste Kennzahlen mit PUE und EUE können genutzt werden, um eine Vergleichbarkeit zwischen Rechenzentren herzustellen. Durch diese Kennzahlen können die Nachhaltigkeitsmaßnahmen kontrolliert und das Optimierungspotential sichtbar gemacht werden. Die Kennzahlen sollten in die bestehenden Steuerungsinstrumente wie Balanced Scorecard im Unternehmen integriert werden. Um alle Dimensionen der Nachhaltigkeit in die Balanced Scorecard zu integrieren, gibt es schon verschiedene Konzeptionen für eine Sustainability Balanced Scorecard.[47] So können auch die Sozial- und Umweltaspekte integriert werden. Neben den hier diskutierten Aspekten für Server, gibt es auch die Möglichkeit, durch den Einsatz von energieeffizienten PCs an den Arbeitsplätzen des Unternehmens einen Beitrag zur Umweltentlastung zu leisten.

Besonders kleine und mittlere Unternehmen haben es schwer, einen effizienten Rechenzentrumsbetrieb durchzuführen. Eine Alternative ist, die Server bei einem Dienstleister aufzustellen (Colocation).

---

[47] Vgl. Hahn und Wagner (2001) S. 2

Eine andere Möglichkeit ist, den Serverbetrieb an einen Dienstleister komplett zu vergeben (Outsourcing). Ein neuer Weg ist der Einsatz von Cloud Computing. Der Cloud Computing Anbieter setzt bereits intensiv die Virtualisierung ein, um sein Rechenzentrum besonders effektiv zu gestalten.

Das Thema „Energiekosten und ein nachhaltiger IT-Betrieb" wird in der Zukunft immer mehr an Stellenwert gewinnen. Die Energiepreise werden weiter steigen. Der CO_2 Fußabdruck des Unternehmens kann verbessert werden, indem Strom nicht aus der konventionellen Herstellung wie Kohlekraftwerken bezogen wird, sondern aus regenerativen Energiequellen.

Lars Audehm, Oktober 2012

Literaturverzeichnis

Beloglazov, A., Rajkumar Buyya, Young Choon Lee, Albert Y. Zomaya (2010) A Taxonomy and Survey of Energy-Efficient Data Centers and Cloud Computing Systems. CoRR abs/1007.0066.

Barroso LA, Hölzle U (2007) The Case for Energy-Proportional Computing. IEEE Computer(40):33–37.

Becker J (2005) Prozessmanagement. Ein Leitfaden zur prozess-orientierten Organisationsgestaltung ; mit 41 Tabellen. Springer, Berlin [u.a.].

Dyllick T, Hockerts K (2009) Beyond the business case for cor-porate sustainability. In: The library of corporate responsibilities. Ashgate, Farnham [u.a.].

Elkington J (2002) Cannibals with forks. The triple bottom line of 21st century business. Capstone, Oxford.

Funke H (1999) Kosten- und Leistungsrechnung in der EDV. Stand und Entwurf einer prozeßorientierten DV-Kostenverrechnung. Univ. Press, Kassel.

Gadatsch A (2009) Ergebnisse der Kurzumfrage zum Stand von Green IT im deutschsprachigen Raum. Hochschule Bonn-Rhein-Sieg Fachbereich Wirtschaftswissenschaften, Sankt Augustin.

Gadatsch A (2010) Auswirkungen von Green IT auf das IT-Controlling. In: transformIT : optimale Geschäftsprozesse durch eine transformierende IT. Gabler, Wiesbaden.

Gadatsch A, Mayer E (2004) Grundkurs IT-Controlling. Grund-lagen - Strategischer Stellenwert - Kosten- und Leistungsrech-nung in der Praxis. Vieweg, Wiesbaden.

Grob HL (2006) Einführung in die Investitionsrechnung. Eine Fallstudiengeschichte. Vahlen, München.

Grob HL, Lahme N (2004) Total Cost of Ownership-Analyse mit vollständigen Finanzplänen.

Harmon R, Auseklis N (2009) Sustainable IT Services: Assessing the Impact of Green Computing Practices. In: Management of Engineering Technology, 2009. PICMET 2009. Portland International Conference on, title=Sustainable IT services: Assessing the impact of green computing practices.

Liu L, Wang H, Liu X, Jin X, He WB, Wang QB, Chen Y (2009) GreenCloud: a new architecture for green data center. In: Proceedings of the 6th international conference industry session on Autonomic computing and communications industry session. ACM, New York, NY, USA.

Mann H, Grant G, Mann IJS (2009) Green IT: An Implementation Framework. In: Proceedings of the Fifteenth Americas Conference on Information Systems.

Marusev A, Terhyden A (1983) Controlling in der Praxis eines Service-Rechenzentrums. OR Spektrum:149–168.

Meadows DH, Meadows DL (1972) The limits to growth. A report for the Club of Rome's project on the predicament of mankind. Potomac Ass, New York.

Pulvermüller, P. (2009) Bestandsaufnahme effiziente Rechenzentren in Deutschland.

Wilkens M, Terrahe U (2012) Orientierungshilfe zur Leistungsdichte und Lastermittlung von Servern, Datenschränken und Rechenzentren.

Zarnekow R. SJBW (2004) Untersuchung der Lebenszykluskosten von IT-Anwendungen. Wirtschaftsinformatik 46(3):181–187.

Zarnekow R, Erek K (2008) Nachhaltiges IT-Servicemanagement - Grundlagen, Vorgehensmodell und Managementinstrumente. HMD : Praxis der Wirtschaftsinformatik 45(264):7–18.

Zilahi-Szabo MG (1988) Leistungs- und Kostenrechnung für Rechenzentren. Forkel, Wiesbaden.

Internetquellenverzeichnis

Appel A ANZR (2005) Unraveling the mystery of IT costs.
http://www.mckinseyquarterly.com/Unraveling_the_mystery_of_
IT_costs_1651. Abruf am 2012-10-06.

Capgemini (2011) Application Landscape Report.
http://www.de.capgemini.com/insights/publikationen/application-
landscape-report/. Abruf am 2012-10-10.

Deutsche Energie Agentur (dena) (2012) Green IT: Potential für
die Zukunft. Energieeffizienz steigern, Wachstumsmärkte erschließen und Nachhaltigkeit sichern.
http://www.dena.de/fileadmin/user_upload/Publikationen/Stromn
utzung/Dokumente/GreenIT_Potenziale_fuer_die_Zukunft.pdf.

Eurostat (2011) Electricity prices by type of user.
http://epp.eurostat.ec.europa.eu/tgm/table.do?tab=table&plugin=1
&language=en&pcode=tsier040.

Farronato A (2009) VMware Cost-Per-Application Calculator
Methodology. http://blogs.vmware.com/tp/files/vmware-cost-per-
application-calculator---methodology-and-assumptions.pdf.
Abruf am 2012-10-17.

Fraunhofer IZM und Fraunhofer ISI (2009) Abschätzung des
Energiebedarfs der weiteren Entwicklung der Informationsgesell-
schaft. Abschlussbericht, März 2009.
http://www.bmwi.de/BMWi/Navigation/Service/publikationen,di
d=305306.html. Abruf am 2012-10-10.

Gartner Inc. (2008) Gartner Estimates ICT Industry Accounts for
2 Percent of Global CO2 Emissions.
http://www.gartner.com/it/page.jsp?id=503867. Abruf am 2012-
10-10.

Hahn T, Wagner M (2001) Sustainablity Balanced Scorecard.
Von der Theorie zur Umsetzung.
http://www2.leuphana.de/umanagement/csm/content/nama/downl
oads/download_publikationen/14-6downloadversion.pdf.

Hamilton J (2010) Overall data center costs.
http://perspectives.mvdirona.com/2010/09/18/OverallDataCenter
Costs.aspx. Abruf am 2012-10-06.

Kaplan J, Forrest W, Kindler N (2008) Revolutionizing Data
Center Energy Efficiency. http://www.ecobaun.com/images/
Revolutionizing_Data_Center_Efficiency. Abruf am 2012-10-06.

Natural Ressources Denfence Council (2012) The Carbon Emissions of Servers Computing for Small to Medium-Sized Organi-
zations. http://www.wspenvironmental.com/media/
docs/ourlocations/usa/NRDC-WSP_Cloud_Computing.pdf.
Abruf am 2012-10-17.

Royal Pingdom (2009) Google may own more than 2% of all
servers in the world.
http://royal.pingdom.com/2009/08/24/google-may-own-more-
than-2-of-all-servers-in-the-world/. Abruf am 2012-10-13.

Schäppi B (2011) Energieeffiziente IT und Infrastruktur für Rechenzentren und Serverräume. http://www.efficient-
datacenter.eu/fileadmin/docs/dam/brochures/
primeenergyit_de_FInal.pdf. Abruf am 2012-10-14.

Singh A (2004) An Introduction to Virtualization.
http://www.kernelthread.com/publications/virtualization/. Abruf
am 2012-10-12.

Turner WSJH, Renaud V, Brill KG (2008) Tier Classifications
Define Site Infrastructure Performance.
http://www.greenserverroom.org/Tier%20Classifications%20Defi
ne%20Site%20Infrastructure.pdf. Abruf am 2012-10-12.

Velte TJ, Velte AT, Elsenpeter RC (2008) Green IT. Reduce your
information system's environmental impact while adding to the
bottom line.
http://site.ebrary.com/lib/alltitles/docDetail.action?docID=102516
19. Abruf am 2012-10-12.

WCED (World Commision on Enviroment and Development)
(1987) Our Common Future.
http://conspect.nl/pdf/Our_Common_Future-
Brundtland_Report_1987.pdf, Abruf am 2012-10-06.

Stefan Bader

Probleme und Risiken der interkulturellen Kompetenz

Falldarstellungen und Lösungsmöglichkeiten anhand eines
mittelständischen Unternehmens

Probleme und Risiken der interkulturellen Kompetenz

Falldarstellungen und Lösungsmöglichkeiten anhand eines mittelständischen Unternehmens

Die konjunkturell angespannte Wirtschaftslage, die zunehmende Globalisierung der Märkte, die immer kürzer werdenden Innovationszyklen und ein ständig zunehmender Konkurrenzdruck führen manche Unternehmen in eine schwierige Situation. Die Auswirkungen können von der Auslastung der Belegschaft bis hin zur Liquidität reichen. In den 1950er und bis zu Beginn der 1960er Jahre herrschte ein Nachfragemarkt vor, d. h. die Nachfrage war größer als das Angebot (Produktionsdefizit). Ab Mitte der 1960er Jahre trat dann der Angebotsmarkt an dessen Stelle. Durch einen wachsenden Produktionsüberschuss war das Angebot größer als die Nachfrage. Dies bedeutete, dass nicht die Kunden zum Produkt kamen, sondern die Produkte den Kunden suchen mussten. Bis in die 1990er Jahre hinein herrschte lange auch die Meinung vor, dass ein perfektes Produkt völlig ausreichend sei, um am Markt bestehen zu können.

Aufgrund des Angebotsmarktes war eine neue Situation für die Unternehmen entstanden. Während vorher die Produktion und die Kapazitäten einfach erweitert wurden, um die Nachfrage bedienen zu können, war nun der Zustand geboren, den Mitbewerber sprich den Konkurrenten vom Markt zu drängen. Ein anderer Schritt kann es dagegen sein, völlig neue Märkte erschließen zu wollen.

Ein mittelständisches Unternehmen hat sich entschlossen, einen aufstrebenden Markt mit ihren Produkten zu bedienen. Die gelieferten Güter stehen in dieser Ausarbeitung exemplarisch und können gegen fast jedes andere Gut getauscht werden. Somit sind die gemachten Erfahrungen und Aussagen auch allgemein gültig.

Der Verfasser begegnete in seiner Funktion als Projektleiter seit 2009 der arabischen Kultur – genauer gesagt den Vereinigten Arabischen Emiraten, abgekürzt VAE. Aus dem Fernsehen sind uns von dort himmelhochreichende Wolkenkratzer, Prunkbauten von Hotels und Luxusvillen bestens bekannt. Selbstverständlich parken in den Einfahrten die Edelkarossen der diversen Nobelsportwagenhersteller. Doch bleibt der Glanz von Gold, Edelsteinen und Öl auch dann erhalten, wenn man geschäftlich mit diesem Kulturkreis zu tun hat?

Dieses Manuskript soll zunächst der Frage nachgehen, was Kultur bedeutet, woher diese stammt und welche Unterschiede diese nach sich zieht. Im folgenden Schritt wird dann die Kompetenz definiert und die verschiedenen Sozialkompetenzen vorgestellt. Auch die Grundarten der Kommunikation werden beleuchtet.

Ausführlich wird daraufhin auf die kulturelle Kompetenz eingegangen. In diesen Details werden die Basisbausteine erläutert, die Rahmenbedingungen abgesteckt und die Vorteile daraus abgeleitet, wenn Mitarbeiter und Unternehmen interkulturell kompetent agieren. Zudem wird aufgezeigt, wie ein Unternehmen kulturelle Kompetenz aufbauen, schulen, fördern und leben kann.

Daran schließen sich eine Reihe von Fallbeispielen an, die die kulturelle Kompetenz bewerten und in den vier Phasen der kulturellen Anpassung münden. Abschließend werden die Vorteile interkultureller Kompetenz für den Einzelnen und für die Firma zusammengefasst.

Alle Völker haben ihr eigenes Land schon immer als den Mittelpunkt der Welt betrachtet. Dies ist noch heute zu erkennen. Ein Blick auf eine Weltkarte, die man z. B. in Mittelamerika ersteht, zeigt Mittelamerika als den Mittelpunkt der Welt.

Der Mensch muss sich aber davon verabschieden, dass sein kulturelles Umfeld, sein Zuhause, allein das Normale sei. Er allein steht nicht im Mittelpunkt und alles dreht sich nur um ihn. Ferner ist es einfach nicht korrekt, die eigene Normalität als Maßstab zu verwenden. Die Menschen in anderen Ländern werden schlichtweg als landestypische Besonderheiten betrachtet. Sobald Kulturen aufeinandertreffen, sind damit verbundene Konflikte bereits vorprogrammiert, obwohl dies von beiden Kulturkreisen keineswegs beabsichtigt wird.

Für viele Länder, so auch für die VAE, existiert ein sog. "Mini Knigge", hier mit dem Namen "Salaam Alaikum". Darin finden sich viele Hinweise, Tipps und Anregungen, die einem den Einstieg in die arabische Kultur erleichtern. Kulturelle Unterschiede können jedoch nicht an der Staatsangehörigkeit des jeweiligen Menschen festgemacht werden.

Doch zurück zur Kultur. Um die interkulturellen Kompetenzen verstehen zu können, ist es wichtig, erstmals den Begriff "Kultur" zu definieren. "Kultur" stammt aus dem lateinischen "cultus", was soviel bedeutet wie "bebaut" oder "gepflegt".

Ursprünglich war damit die landwirtschaftliche Bearbeitung des Bodens gemeint. Selbst dafür wurde ein neuer Begriff geschaffen, nämlich die "Bodengare". Dieser wiederum findet sich in der Backstube wieder. Ein "gäriger" Teig weist zahlreiche Lufteinschlüsse auf, ähnlich wie ein gut durchlüfteter Ackerboden, der durch einen Pflug oder eine Egge bearbeitet worden war. Binnen kurzem wurde "cultus" auch für die Pflege der geistigen Fähigkeiten verstanden.[1]

Der Duden definiert Kultur als "Gesamtheit der von einer bestimmten Gemeinschaft auf einem bestimmten Gebiet während einer bestimmten Epoche geschaffenen, charakteristischen geistigen, künstlerischen, gestaltenden Leistungen."[2]

Der Anthropologe Tyler definierte dies bereits 1889: "Kultur ist diese komplexe Gesamtheit, die Wissen, Glauben, Kunst, Moral, Recht, Bräuche und viele andere Fähigkeiten und Gewohnheiten umfasst, die der Mensch als Mitglied der Gesellschaft erworben hat."[3]

Doch woher kommt eigentlich die Kultur? Kultur ist erlernt, nicht ererbt. Sie leitet sich aus unserem sozialen Umfeld ab, nicht aus unseren Genen. Man sollte die Kultur unterscheiden von der menschlichen Natur einerseits und von der Persönlichkeit eines Individuums andererseits. Angelehnt an die Computerwelt sieht dies nach Hofstede wie folgt aus:

---

[1] Vgl. Scholz, A. (2000) Verständigung als Ziel interkultureller Kommunikation, S. 14f.
[2] Vgl. Duden (2001) Das Fremdwörterbuch
[3] Vgl. Tyler. E. B (1889) Primitve culture

Das Erlernte & Ererbte
Die persönliche Kombination mentaler Programme

Das Erlernte
Mentale Programmierung

Das Ererbte
Das universelle Betriebssystem

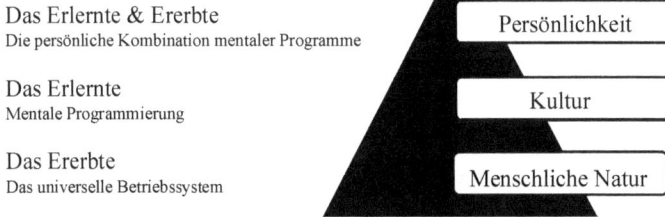

Persönlichkeit

Kultur

Menschliche Natur

Abbildung 1 – Drei Ebenen der Einzigartigkeit in der mentalen Programmierung des Menschen[4]

Kultur ist somit die kollektive Programmierung des Geistes, die die Mitglieder einer Gruppe oder Kategorie von Menschen von einer anderen unterscheidet. "Die Zugehörigkeit zu einer Kultur stellt ein Unterscheidungsmerkmal dar, mit dem Menschen wahrgenommen und zugeordnet werden."[5]

Muster des Denkens, Fühlens und Handelns sind alles mentale Programmierungen. Diese hat der Mensch sein Leben lang erlernt und somit im Festspeicher dauerhaft abgelegt, um in der Analogie des Computerjargons zu bleiben. Der überwiegende Anteil daraus wurde bereits in früher Kindheit erworben, denn während dieser Zeit ist das menschliche Hirn am empfänglichsten. Sobald diese mentale Programmierung erfolgt ist, muss der Mensch erst seinen Speicher löschen, bevor er in der Lage ist, eine neue Kultur zu erlernen bzw. zu begreifen.

[4] Vgl. Hofstede, G. (1997) Lokales Denken, globales Handeln, S. 5
[5] Vgl. Scholz, A. (2000) Verständigung als Ziel interkultureller Kommunikation, S. 16

Kultur ist somit ein Wissensvorrat, den ein Mensch mit anderen Menschen teilt und der ihm als Unterscheidungsmerkmal dient. Eine Kulturgemeinschaft ist demnach eine Gruppe, die ähnliche Denk- und Lebensweisen aufzeigt.

Zur Kultur gesellt sich nun die Kompetenz. Mitarbeiter sind dann interkulturell kompetent, "wenn sie über Kenntnisse und persönliche Fähigkeiten verfügen, die sie befähigen, erfolgreich interkulturell zu handeln"[6] Unter erfolgreichem interkulturellen Handeln versteht Moosmüller "mit Individuen und Gruppen, die einer anderen Kultur angehören, erfolgreich zu kommunizieren".[6] Für die erfolgreiche Kommunikation benötigt der "Handelnde die passenden Sprachkenntnisse und entsprechende linguistische, soziale und psychische Fähigkeiten"[7] und das Wissen sowohl über die eigene Kultur als auch die Kultur seines Kommuni-kationspartners.

Eine andere Definition stammt von Thomas. Er bezeichnet interkulturelle Kompetenz "als die Fähigkeit, den interkulturellen Handlungsprozess so mitgestalten zu können, dass Missver-ständnisse vermieden werden können und gemeinsame Ansätze für das Lösen von Problemen geschaffen werden, die von den involvierten Personen akzeptiert und umgesetzt werden können."[8]

---

[6] Vgl. Moosmüller, A. (1996) Interkulturelle Kompetenz und interkulturelle Kenntnisse, S. 271
[7] Vgl. Moosmüller, A. (1996) Interkulturelle Kompetenz und interkulturelle Kenntnisse, S. 272
[8] Vgl. Thomas, A. (2003) Interkulturelle Kompetenz, S. 141

Die Erfahrung hat gezeigt, dass ein Eingehen auf die andere Kultur, ein Verstehen der Bräuche und Gepflogenheiten sowie eine angepasste Kommunikation einen erheblichen Beitrag zur Verständigung leisten können. Ein wachsames Auge hilft. Viel beobachten und nicht vorschnell urteilen, heißt das Rezept. Bereits kleine Unterschiede zur gewohnten Kultur können zum besseren Verstehen beitragen, sei es wie der fremdländische Teilnehmer bei einer Besprechung reagiert, wenn beispielsweise deren Geschäftsführer in einer Besprechung das Wort ergreift. Oder wie die andere Partei mit Problemen oder Schwierigkeiten konfrontiert wird oder auch schlichtweg nur Unzufriedenheit kommuniziert wird.

Die Kompetenz spiegelt sich am Sozialverhalten wieder.

Sozialverhalten	
Deutschland	**Vereinigte Arabische Emirate**
"Das haben wir gut gemacht" gruppenorientiert	"Hr. XY ist ein tapferer und guter Mensch" personifizierte Machtdemonstration
Qualität der Aufgabe innerhalb der Gruppe ergibt den Rang	Macht und Autorität ergeben den Rang Unantastbarkeit dieser Person
"Das ist mein gutes Recht"	"Wer bezahlt, gibt die Anweisung"

Tabelle 1 – Sozialverhalten zwischen Deutschland und den VAE[9]

Auch die Kommunikation hat ihren Einfluss auf die Kompetenz. Wollen wir zuerst zwei grundlegend verschiedene Modelle der Kommunikation miteinander vergleichen, die sich im Laufe der Zeit herauskristallisiert haben.

---

[9] Eigene Darstellung Bader, S. (2012)

Als Grundmodell dient das Sender-Empfänger-Modell, das auch bis in die aktuelle Zeit noch weit verbreitet ist. Die Funktion ist im Prinzip wie ein Funkgerät aufgebaut. Ein Sender liefert über einen Kanal Informationen in kodierter Form an einen Empfänger. Zur Identifizierung der Information muss der Empfänger die übermittelte Nachricht wieder dekodieren. Dass dabei Verluste, die allgemein als Rauschen bezeichnet werden, auftreten, ist verständlich.[10] Nachteilig bei dieser Art der Kommunikation ist, dass die Umwelt, weder beim Senden, noch beim Empfangen, berücksichtigt wird. Dies gründet sich darin, dass das Modell einem technischen Zusammenhang entstammt.

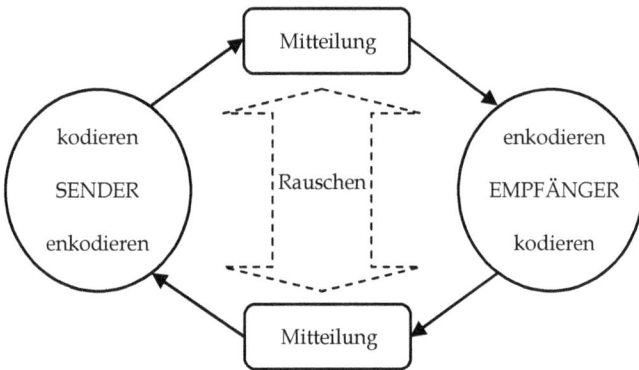

Abbildung 2 - einfaches Sender-Empfänger Modell[11]

In der zweiten Stufe wird das Sender-Empfänger-Modell zum Interaktionsmodell erweitert. Dies wird dadurch erreicht, dass Feedback-Kanäle eingebaut werden.

---

[10] Vgl. Delhees, K.-H. (1994) Sozial Kommunikation, S. 21
[11] Eigene Darstellung Bader, S. (2012) in Anlehnung an Delhees, K.-H. (1994) Soziale Kommunikation, S. 21

"Diese ermöglichen den involvierten Parteien, sich über die Bedeutungen ihrer Informationen auszutauschen. Das Enkodieren und Dekodieren wird zum interaktiven Prozess."[12]

Der Vorteil, der sich daraus ergibt: Die Einflüsse, die Information anteilig verzerren oder gar verloren gehen lassen, gelten nun nicht mehr als bloßes Rauschen, sondern werden in kulturelle, soziokulturelle und psychokulturelle Faktoren unterschieden.

Gudykunst und Kim bilden den Erfolg der Kommunikation daran ab, wie weit die Kommunikationspartner aufeinander zugehen. Dem Prozess dienlich ist, wenn dem Teilnehmer die Interpretationsweisen des Gegenüber vertraut sind. Dies ist aber erfahrungstechnisch nicht mit allen Kulturen möglich.

Eine Ausnahme zur Regel bilden, rein regional betrachtet, die Asiaten und die Araber.

---

[12] Vgl. Gudykunst W. B / Kim Y. Y. (2003) Communication with strangers, S. 269

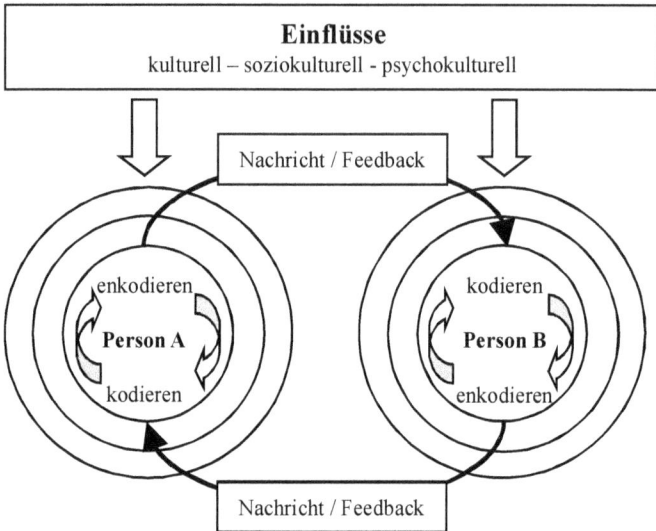

Abbildung 3- Interaktionsmodell[13]

Die Komplexität der Handlungsmuster hat zur Folge, dass es stets unsicher ist, ob sich die Kommunizierenden verständigen können, wenn sie in Interaktion treten.[14]

---

[13] Vgl. Gudykunst, W. B / Kim, Y. Y. (2003) Communication with strangers, S. 45
[14] Vgl. Rogers, E. M. / Kincaid, D. L. (1981) Communication networks, S. 44

Um die Kommunikation aufrecht zu erhalten, ist aber eine Verständigung unabdingbar. Die Partner lassen sich auf den dynamischen Prozess der Kommunikation ein, um dieses Ziel – die Verständigung – zu erreichen. Dies setzt voraus, dass in dem vorher beschriebenen "sich annähern" auch eine Wechselbeziehung zwischen Verstehen-Wollen und des Verstanden-Werden-Wollen zu schaffen ist.[15]

Erfahrungsgemäß wird die Kommunikation gering gehalten, wenn bei einem Partner bereits vor dessen Interaktion Angstzustände herrschen, wie sein Gegenüber evtl. darauf reagieren wird.

Wissen um Kulturen und um Kommunikation sind somit die beiden wesentlichen Merkmale interkultureller Kompetenz.

Somit kann interkulturelle Kompetenz als ein Gefüge von Kenntnissen und Fähigkeiten definiert werden, das dem Menschen ermöglicht, in fremdkulturellen Zusammenhängen zu agieren. Dieses Gefüge ist nicht limitiert auf das Wissen der eigenen Kultur sondern öffnet sich auch auf das Wissen über die Kultur des Partners, dessen kommunikative Fähigkeiten in Bezug auf die Sprache sowie über die Besonderheit der interkulturellen Kommunikation. Um Kommunikation betreiben zu können, muss ein gemeinsamer Nenner in der Sprache gefunden werden.

---

[15] Vgl. Mall, R. A. (2000) Interkulturelle Verständigung, S. 337

Derzeit ist es fast branchenüblich, dass die Geschäftssprache Englisch vorherrscht. Sobald beide Parteien, zumindest vom Ansatz her, die gleiche Sprache sprechen, ist ein reibungsloser Ablauf zwar nicht sichergestellt, doch aber erleichtert. Oft ist es aber auch so, dass die Lingua Franca zwar von beiden Seiten gesprochen wird, jedoch hin und wieder doch Verständigungsprobleme auftreten, da der eine, vielleicht bedingt durch einen kleineren Wortschatz als der andere, sich nicht so detailliert ausdrücken kann.

Um sein Gesicht zu wahren, wird vieles einfach mit "yes" beantwortet, ohne auch nur den Hintergrund der Frage überhaupt verstanden zu haben. Oft hat diese einfache Antwort auch den Grund als Ursache, dass das Thema gewechselt werden soll, weil vielleicht der Gesprächspartner überhaupt nicht über die Entscheidungsgewalt an dieser Stelle verfügt.

Erst dann, wenn ein Problem eskalierte oder ein Schaden (weniger materiell, meistens organisatorischer Art) entstanden war stellte man oft fest, dass es nur an der Verständigung gescheitet war. Zwischen dem "yes, we will try" des Gegenüber interpretierte der Deutsche gerne ein Einfaches "ja". In Wirklichkeit wollte der Partner aber ausdrücken, dass er den geforderten Schritt nicht leisten konnte. Nur kam ein Einfaches "nein" nicht über dessen Lippen.

Aus diesem Grund hat es sich der Verfasser angewöhnt, sobald z. B. während Vertragsverhandlungen, eine Frage oder eine Antwort in Englisch an ihn gerichtet wird, grundsätzlich seinen Satz damit einzuleiten, was er verstanden hat. Auf diese Art und Weise lassen sich Unstimmigkeiten gleich von Beginn an ausräumen bzw. klarstellen. Viel wichtiger ist allerdings, wie der Zuhörer das Gesagte auf seine kulturell eigene Art und Weise interpretiert. Hier lauern eindeutig viel mehr Stolpersteine als beim Abgleich, wer den größeren Wortschatz und die bessere Grammatik im Englischen vorweisen kann. Aber auch der Zuhörer kann seinen Anteil an einer Fehlinterpretation des Gesagten beisteuern, indem das Gehörte vom Sprecher anders gemeint sein kann, als er es verstanden hat. Die interkulturellen Kenntnisse und Fähigkeiten kommen nicht zur Anwendung, wenn es an der Bereitschaft beider Beteiligter mangelt, diese anzuwenden. Im Umkehrschluss kann eine interkulturelle Zusammenarbeit nur von Erfolg gekrönt sein, wenn diese auch zustande kommt und gelebt wird.

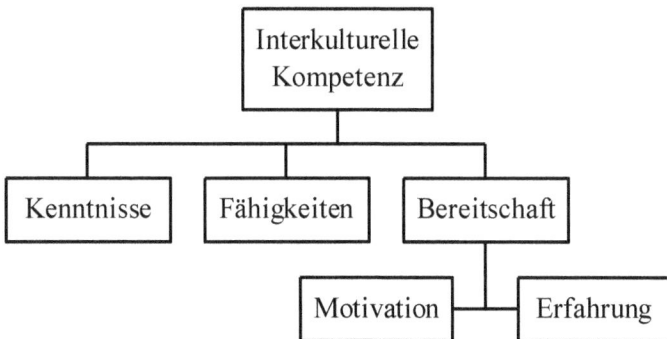

Abbildung 4 – die Bausteine der interkulturellen Kompetenz[16]

---

[16] Eigene Darstellung Bader, S. (2012)

Zusammenfassend ist somit neben den Bausteinen "Kenntnisse" und "Fähigkeiten" auch die Bereitschaft ein wichtiger Bestandteil der interkulturellen Kompetenz. Die Bereitschaft wird durch Motivation erreicht. Die Motivation eines Mitarbeiters wiederum wird durch dessen Erfahrungen ausgelöst und aktiviert. Sobald ein Beschäftigter einer Firma positive Erfahrungen in diesem Bereich gesammelt und erfahren hat, wird dieser auch in Zukunft hochmotiviert Kollegen / Geschäftspartnern mit fremdkulturellen Hintergrund entgegentreten. Er wird auch zukünftig solche positiven Erfahrungen machen wollen. Sein Tun und sein Handeln erfahren eine ganz neue Richtung.

Im Umkehrschluss sinkt das Motivationslevel, wenn der Mitarbeiter bereits negative Erfahrungen diesbezüglich gesammelt hat. Einen bereits "festgefahrenen" Mitarbeiter erneut zu motivieren, bedarf größter Anstrengung und Fingerspitzengefühl vom jeweiligen Vorgesetzten. Ein cleverer Schachzug des Vorgesetzten könnte sein, in einem Workshop speziell diesen Mitarbeiter mit seinen Erfahrungen im Austausch mit Kollegen als Moderator vorzustellen. Dies würde das Selbstvertrauen des Mitarbeiters einerseits wieder stärken, andererseits würden dessen gemachte Erfahrungen nicht unberücksichtigt bleiben und dadurch einen Lerneffekt für die anderen Teilnehmer liefern. Nur durch vermehrte Kenntnisse und Fähigkeiten wird ein Mitarbeiter im Laufe der Zeit schließlich derart geübt sein, dass er die interkulturelle Zusammenarbeit routiniert lebt. Er ist auf viele Situationen vorbereitet, seine Handlungssicherheit steigt, da er auf viele Muster, die er bereits erlebt hat, zurückgreifen kann. Diese gestatten ihm flexibel zu agieren und auch parallel neue kreative Ansätze miteinander zu kombinieren.[17]

---

[17] Vgl. Thomas, A. (2003) Interkulturelle Kompetenz, S. 144

Bestes Beispiel hierfür sind Mitarbeiter, die quasi als Wegbereiter für die nachfolgenden Kollegen, sich freiwillig an einen ausländischen Standort des Konzerns versetzen lassen. Durch deren gemachte Erfahrungen in dem neuen Kulturkreis, die dann auf die Kollegen logischerweise kommuniziert werden müssen, werden drei Ziele erreicht. Im ersten Schritt motiviert sich der "Pfadfinder" wieder selbst. Sein Selbstvertrauen steigt. Seine Kenntnisse und Erfahrungen nehmen zu. Sein Wissen wird durch diese neue Aufgabe bereichert.

Gleichwertige oder gar noch gesteigerte Aufgaben wird dieser Mitarbeiter für das Unternehmen in Zukunft in praktisch gewohnter Weise absolut zuverlässig und loyal erledigen. Somit begründet sich der zweite Vorteil. Die Firma kann deren Ziele oder auch Teilziele schneller verwirklichen, die Effektivität nimmt zu, während die eingesetzten Finanzmittel sich reduzieren, weil eben nur ein Mitarbeiter die Aufgaben von einer ganzen Gruppe leistet. Den dritten Nutzen haben die Kollegen, die ebenfalls an den anderen Standort versetzt werden sollen. Dies zwar nur für eine bestimmte Zeit, doch immerhin ins fremdsprachige Ausland. Dennoch wird der Wegbereitet für die Kollegen vorerst der Ansprechpartner erster Wahl sein.

Der Verfasser dieser Arbeit hat exakt eine solche Aufgabe erlebt, durchlebt und sich dadurch für weitere interkulturelle Aufgaben bestens gerüstet. Dass sich sein beruflicher Werdegang exakt danach ausrichtet, war ihm zu diesem frühen Zeitpunkt noch nicht bewusst. Jede Person wächst mit ihren Aufgaben, so eine Weisheit aus dem Berufsleben. Den größten Schritt zu wachsen, liegt aber darin, interkulturell zu agieren. Wenn jemanden eine solche Chance geboten wird, möge er sie umgehend nutzen.

Grundsätzlich ist davon auszugehen, dass die jeweilige Motivation eines Einzelnen von sich aus geht. Personen, die sprachlich sehr gewandt sind, d. h. mehrere Sprachen beherrschen oder Mitarbeiter, die mittels diverser, weltweiter Kulturreisen ihren Horizont erweitern, sind potentielle Kandidaten.

Diese finden sich in neuen Kulturkreisen grundsätzlich viel schneller und effektiver zu recht, als Personen, die ihren Handlungs- und Aktionsradius sehr limitiert halten. Ein vernünftiges Maß an Empathie, Toleranz und Assimilationsvermögen sind ebenfalls gute Garanten für einen motivierten Mitarbeiter.

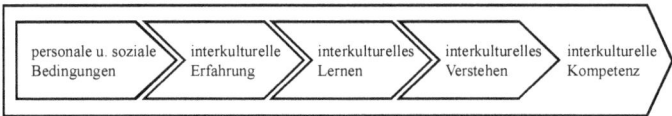

Abbildung 5 – interkulturelle Kompetenz schematisch dargestellt[18]

Die Firma an sich kann dadurch unterstützen, dass speziell solche Personen in Projekte eingebunden werden, die interkulturelle Interaktionen erfordern. Sollte das Unternehmen beispielsweise auf mehrere Standorte weltweit aufgeteilt sein, so muss das Unternehmen sicherstellen, dass die Zusammenarbeit auf organisatorischer Ebene überhaupt möglich ist. Wenn das Unternehmen ein solches Handeln nicht gestattet, wird das angestrebte Ziel, die interkulturelle Kompetenz, nicht zum Tragen kommen.

---

[18] Eigene Darstellung Bader, S. (2012) in Anlehnung an Thomas, A. (2003) Interkulturelle Kompetenz, S. 144

Dies bedeutet wiederum, dass neben den bereits erwähnten drei Bausteinen auch die nötigen Rahmenbedingungen gegeben sein müssen. Es nützt wenig, wenn der Mitarbeiter beste Voraussetzungen, gepaart mit seiner Bereitschaft mit einbringt und die Firma ihn aber daran hindert, ihm Erfahrungs-möglichkeiten zukommen zu lassen. Vorher beschriebenes Beispiel, den Mitarbeiter in einer Moderatorrolle mit gleichzeitigem Erfahrungsaustausch einzubauen, verhindern dies.

Interkulturelle Fähigkeiten und Motivation allein reichen für eine effektive interkulturelle Zusammenarbeit nicht aus. Interkulturelle Kompetenz muss auch von dem Unternehmen, das einer Organisation gleicht, ermöglicht und eingeräumt werden. Auf diese Weise können die manchmal bis auf mehrere Kontinente verstreuten Mitarbeiter des Konzerns miteinander in Kontakt treten, sich in sozialen Netzwerken wiederfinden. Jedes Unternehmen, das derart organisiert und aufgestellt ist, sollte alles unternehmen, um diesen organisatorischen Schritt zu tun. Um es in Anlehnung der Worte von Lewis Armstrong zu sagen: "Es ist nur ein kleiner Schritt für das Unternehmen, aber ein ganz großer Schritt für die Bereicherung des gesamten Konzerns."[19]

---

[19] Vgl. Armstrong N. (1969) angelehnt an seinen Ausspruch als erster Mensch auf dem Mond.

Aufgrund der heute aktuellen, vor Jahren noch beinahe nicht vorstellbaren Präsenz der verschiedenen Medien und deren Möglichkeiten, ist die Kommunikation zwischen den Partnern in sozialen Netzwerken wie Facebook oder im firmeninternen Intranet heute viel einfacher und komfortabler geworden als dies noch vor ca. 10 bis 15 Jahren der Fall war. Daneben behaupten sich aber auch Emails und Telefongespräche. Mit all diesen Medien lässt sich ein Netzwerk viel rascher und effektiver aufbauen und auch leben. Mit Leben ist die Beständigkeit eines Netzwerkes gemeint. Es nützen einem die besten Kontakte bei allen technischen Möglichkeiten nichts, wenn diese nicht gepflegt werden.

Interkulturelle Kompetenz soll demnach Mitarbeiter mit unterschiedlicher kultureller Prägung zu effektivem und effizientem Handeln leiten und die Zusammenarbeit fördern. Dazu bringt der einzelne Mitarbeiter seine Fähigkeiten und Kenntnisse, aufgeschlüsselt in Kultur, Kommunikation und Gesellschaft, ein. Die weitere Kernkompetenz des Einzelnen liegt in der Motivation zur interkulturellen Interaktion. Dem gegenüber steht die Organisation, auf der die Kontakte zustande kommen und in Netzwerke der Mitarbeiter münden, die langfristig angelegt sind. Beide Bereiche setzen sich einander voraus.

Seit 2009 sind dem Verfasser kulturelle Unterschiede zwischen Deutschland und dem mittleren Osten bewusst geworden und finden während der Zusammenarbeit, wie Besprechungen und Losabnahmen sowie in der Kommunikation per Telefon, Email und Fax beinahe täglich statt. Die Darstellungen der Ereignisse sind frei von jeglicher Wertung und somit neutral.

Nachstehend eine Zusammenfassung der wesentlichen Missverständnisse zwischen dem deutschen und arabischen Kulturkreis, basierend auf den gemachten Erfahrungen.

Deutschland	Vereinigte Arabische Emirate
Arbeitsweise	
Perfektionismus	Zweckerfüllung
Konstantes Arbeiten	Unbeständiges Arbeiten
materieller Erfolg	Präsentation des Erworbenen
nach vorgegebenen Prozeduren	nach flexiblen Regeln
Beziehungsebene	
Vertrauen muss verdient werden und ist sachbezogen	Vertrauen wird selten gewährt
Keine persönliche Ebene im Berufsalltag	Ständige Einbeziehung der persönlichen Ebene
Kommunikation	
Besprechungen zwecks Krisenmanagement	Besprechungen zwecks neuer Forderungen
Management	
Kompetenzbezogener Führungsstil	Personenbezogener Führungsstil
Im Konsens getroffene Entscheidung	Emotionale, personenbezogene Entscheidung
Delegieren von Aufgaben	Delegieren von Macht
Zeitverständnis	
Präzision	grober Anhaltspunkt
Zeit wird eingeteilt	Zeit wird zerteilt
Projektablauf	
Detailverliebt	Grobinteressiert
Lange Planungsphase	Kurze Planungsphase
Kontinuierliche Abarbeitung	Schnelle Spitzen und lange Unentschlossenheit

Tabelle 2 – Gegenüberstellung der beiden Kulturkreise Deutschland und den VAE[20]

---

[20] Eigene Darstellung Bader, S. (2012)

In den folgenden Zeilen werden nun einige Fallbeispiele detailliert geschildert, die während der Projektphase zu mehr oder weniger starken Differenzen geführt haben. Diese Beispiele sollen vorher beschriebenes verdeutlichen:

Der Kunde aus VAE kommunizierte gerne per Fax. Email dahingehend wurde nur von den installierten Projektleitern verwendet. Die Faxe waren elegant gestaltet und offerierten im einleitenden Satz grundsätzlich die freundlichen Grüße an die Firma und lobten zugleich die Produkte und die Zusammenarbeit. Die Ernüchterung folgte umgehend im nächsten Satz, der von den warmen einleitenden Worten nur durch einen Absatz getrennt war und schnell in die Nüchternheit zurück führte. Der Kunde forderte einen erweiterten Lieferumfang, obwohl dies vertraglich überhaupt nicht geregelt war. Nach etlichem Schriftverkehr per Fax konnte endlich die Ursache für die Forderung ermittelt werden.

In einer Beschreibung des Produktes war aufgeführt, dass es neben der Ausführung A auch noch B und C gab. Der Auftrag umfasste nur A und B. Lediglich aufgrund der Nennung der Möglichkeit C interpretierte der Kunde, auch Leistung C einfordern zu können. Selbstverständlich ohne Aufpreis und mit einer kürzeren Lieferzeit als Variante A und B!

Nun galt es mit ruhiger Hand eine Strategie zu entwickeln, wie der Kunde sein Gesicht wahrte und die Projektkosten nicht aus dem Budget liefen.

Eine Einigung kann bei solchen Problemen nur in persönlichen Gesprächen, in denen alle arabischen kulturellen Gepflogenheit berücksichtigt werden müssen, erzielt werden. Mit sachlich vorgetragenen Argumenten, die einen Vorteil für den Kunden darstellen, lassen sich dann auch Kompromisse erzielen, die beiden Seiten erlauben, hoch erhobenen Hauptes vom grünen Verhandlungstisch aufzustehen. Dabei dürfen die Ausdrücke "ist nicht möglich", "das gibt es nicht" unter keinen Umständen verwendet werden. Eine direkte Kommunikation funktioniert im arabischsprechenden Raum auf keinen Fall. Auch ein Ansatz ist die emotionelle Schiene mit dem Ausdruck "ich benötige eure Hilfe". Beziehungsorientierte Kulturen reagieren in der Regel auf diesen Hilferuf.

Ein weiteres Beispiel: Zu einer Losabnahme wurde der Kunde förmlich mit einem Firmenanschreiben, Sie ahnen es, per Fax eingeladen. Die abzunehmenden Produkte im jeweiligen Lieferlos wurden in deren Leistung vorgeführt, anhand einer Checkliste (Soll-Ist Vergleich) abgeglichen und schließlich auch vom Kunden abgenommen. Aber, die ebenfalls zur Abnahme bereit stehenden Ersatzteile sollten nicht abgenommen werden, obwohl Stückzahl und Typ gemäß Auftrag versandfertig vorlagen.

Für die Unterschrift unter dem Abnahmezertifikat seien noch die Serien-Nummern der Ersatzteile von außen auf die Verpackung aufzudrucken, so die plötzliche Forderung. Über den Sinn dieser Forderung war überhaupt nicht zu diskutieren.

Die Machtdemonstration war einfach. Alle Ersatzteile mussten ausgepackt werden, deren Seriennummer notiert, dann auf die Verpackung aufgedruckt und anschließend neu verpackt werden. Es muss nicht weiter erwähnt werden, dass der Transport zum Flughafen storniert wurde, natürlich kostenpflichtig. Da die Sendung zum Quartalsende hätte verschickt werden sollen, entfiel natürlich auch die Umsatzlegung für die Firma. Eine solch kleine Neckigkeit kann enorme Kosten nach sich ziehen und auch Auswirkungen auf die Firma haben – geplante Liquidität sei hier nur ein Stichwort.

Um das Besprechungszimmer treffender auszustatten, hatte der Verfasser Tischflaggen von Deutschland und den VAE besorgt. Dies wurde herzlich aufgenommen und lockerte die Besprechung auf. Bereits kleine Wahrnehmungen der Kultur können hier große Vorteile schaffen. Ein weiterer Pluspunkt wurde erreicht, indem nur stilles Mineralwasser gereicht wurde. Ein Araber zeigte dies durch ein kleines verschmitztes Lächeln, während er sich das Wasser ins Glas goss. Diese beinahe versteckte Rückmeldung konnte wieder nur durch exaktes Beobachten des Gesprächspartners festgestellt werden. Somit war wieder ein korrekt Schritt in der kulturellen Annäherung getan.

Dass in den Besprechungen laut telefoniert wurde, ohne Rücksicht auf den Gastgeber zu nehmen, ist fast schon nicht mehr erwähnenswert. Hin und wieder wurde auch von den Gästen Fotos von sich selbst während den Sachstandsbesprechungen aufgenommen. Der beste Lösungsansatz war: Den Gast telefonieren lassen und das Blitzlichtgewitter einfach ignorieren. Manchmal kam, nach Beendigung des Telefonats, ein leises "sorry" über die Lippen. Doch, wie gesagt, nur manchmal.

Kultur wird auch in Sprache ausgedrückt. Es reichen bereits wenige Worte in der jeweiligen Sprache, um der neuen Kultur einen Schritt näher zu kommen, um so seine Kompetenz darstellen und festigen zu können. Häufig gebrauchte Umgangsformen wie "bitte", "danke", "willkommen", "auf Wiedersehen" sind in beinahe jeder Sprache rasch erlernbar.

Sicherheitshalber sollten diese Wörter vorher mit einer kundigen Person geübt werden. Oft reicht es schon, einen Vokal nicht sauber auszusprechen oder zu betonen und die Bedeutung des Wortes erreicht somit etwas ganz anderes. Im schlimmsten Fall sogar eine Beleidigung. Als Beispiel sei hier die Bantusprache Kisuaheli genannt. Bereits das Vertauschen eines Vokals in einem Wort ergibt häufig etwas Obszönes oder Sexistisches.

Diese Beispiele könnten endlos fortgesetzt werden. Doch was ist die Folgerung aus diesen Beispielen? Egal wie gut Sie das Projekt geplant, bis in die kleinste Kleinigkeit durchgedacht und vorgegeben haben, rechnen Sie mit all den Unwägbarkeiten, die Sie nicht berücksichtigt haben. Sie werden eintreten! Der Lieferumfang wird geändert, die Lieferlose werden im Zeitplan drastisch verkürzt, Zahlungen werden bewusst an Kleinigkeit aufgehängt, nur um die Zahlung zu verzögern. Es geht so weit, dass Verträge nur als grobe Richtlinie betrachtet werden und ausschließlich nur Besprechungsprotokolle, natürlich per Fax verteilt, Gültigkeit besitzen. Dies natürlich alles nur, wenn der Kunde darin seinen Vorteil sieht. Sobald der Vertragnehmer im Vertrag einen Vorteil für sich erkennt, hat natürlich der Vertrag und nichts als der Vertrag Gültigkeit.

Um diese Unwägbarkeiten zu meistern, ist es unabdingbar, sich mit der kulturellen Kompetenz vertraut zu machen. Nicht immer werden kulturelle Unterschiede in Mentalität und Verhalten auf den ersten Blick sichtbar, da oft "business as usual" an der Tagesordnung steht. In einer längerfristigen Zusammenarbeit aber treten diese vorher beispielhaft beschriebenen Reibungspunkte in Erscheinung und können zu Störungen der Interaktion mit den ausländischen Kunden führen. Häufig ist dabei den involvierten Akteuren gar nicht bewusst, dass es sich um kulturell bedingte Kommunikationsprobleme handelt.

Deshalb ist interkulturelle Kompetenz der Schlüssel zum Erfolg. Heutzutage kann man zwar die Überlegungen ortsbezogen genau betrachten und dementsprechend handeln. Um jedoch auf der großen Weltbühne bestehen zu können, muss man eindeutig global agieren. Ein Zusammentreffen von Menschen, Gruppen und Völkern, die unterschiedlich denken, sprechen, fühlen und handeln, liefern den Grundstein für Konfrontationen während den Begegnungen. Sobald sich beide Kulturen einander nähern, die Gepflogenheiten des einen respektieren, Verständnis für das Handeln des anderen aufbringen, ist ein Konsens zu erzielen.

Der Verlauf der kulturellen Anpassung im kommunikativen Verhalten eines Menschen kann in vier Phasen aufgeschlüsselt werden.

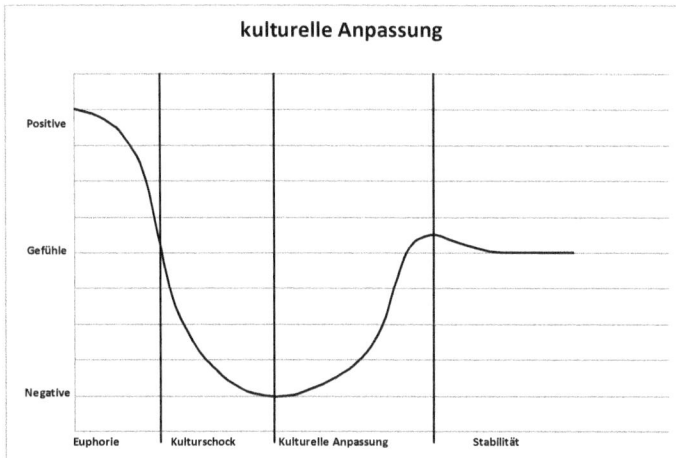

Abbildung 6 - kulturelle Anpassung[21]

Zu Projektbeginn findet die Phase der Euphorie statt. Sie ist meist von kurzer Dauer. Die Endorphine setzen sich frei und sorgen hier für ein Glücksgefühl. Der Mensch fühlt sich wohl. Ein positives Gefühl stellt sich ein. Diese Phase endet mit dem Verfliegen der Neugier.

Daran schließt sich der Kulturschock, wenn der Alltag beginnt und sich die Ernüchterung einstellt. Der Gefühlspegel gegenüber der fremden Kultur geht Richtung Tiefpunkt, einem lokalen Minimum, um dies mathematisch auszudrücken.

---

[21] Vgl. Hofstede, G. (1997) Lokales Denken, globales Handeln, S. 288

Dieser Zeitraum dauert bereits etwas länger und geht in die kulturelle Anpassung über, d. h. der Konfrontierte beginnt unter den neuen Bedienungen zu leben, zu agieren und zu kommunizieren, um sich so in das soziale Netzwerk zu integrieren. Letztendlich schließt die Anpassung mit der Stabilität. Darunter ist nicht Resignation zu verstehen, sondern die mentale Stabilität, sprich der Mensch, agiert im neuen Kulturkreis als selbstverständlich.

Der Kulturschock liefert den Anstoß mit einem persönlichen Lern- und Reifeprozess zu beginnen. Nur wer hier den Impuls praktisch aufnimmt und beginnt an sich zu arbeiten, wird kulturell erfolgreich agieren. Doch oft reicht nicht allein der Wille, sich kulturell zu erweitern. Die allermeisten Unternehmen schicken ihre Mitarbeiter unvorbereitet in die interkulturelle Zusammenarbeit. So springen die involvierten Personen "als Löwe ab" und enden dann als Bettvorleger. Eine vorbereitende Maßnahme auf den Kulturkreis hätte dies vermeiden können.

Es existieren vielfältige Möglichkeiten, diesbezüglich etwas zu unternehmen. Global ausgerichtete Unternehmen favorisieren eindeutig interkulturelle Trainings, die dann als Workshops innerhalb der Firma, sogenannte "in-house-Seminare", durchgeführt werden. Aber auch Austauschprogramme oder Trainee-Programme für Berufseinsteiger und Führungskräfte sind möglich. In solchen Austauschprogrammen lernen sich Mitarbeiter aus verschiedenen, weltweit angesiedelten Teilen des Konzerns kennen. Sie lernen miteinander umzugehen, tragen vielleicht sogar gemeinsame Shirts mit dem Firmenlogo während dem ersten gemeinsamen Grillabend – Stichwort: Corporate Identity. Durch solche entspannten Veranstaltungen in lockerer Atmosphäre nähern sich die Kulturen an.

Es ist auch die Geburtsstunde der Netzwerke, die während solcher Events gelegt werden. Somit tragen die Teilnehmer, jeder für sich, durch ihre Eigenheiten und kulturellen Hintergründe, bereits einen kleinen Beitrag für das eigentliche Training bei. Weiterhin wird auch der vorhin zitierte Prozess der Selbstveränderung der Teilnehmer dabei angestoßen. Dieser Entwicklungsgang geht allerdings langsam vonstatten. Dies ist darin begründet, dass das neu erworbene Wissen in neue Fähigkeiten transferiert werden muss. Diese Fähigkeiten müssen nun an geeigneten Stellen angewandt und gelebt werden. Letztendlich erfolgt durch ein positives Gefühl die gewünschte Motivation.

Erste Anlaufstellen können sein: diverse Kulturverbände oder auch lokale Industrie- und Handelskammern. Dort werden solche Kurse und Informationsseminare angeboten. Aber auch spezielle Gesellschaften wie z.B. die Deutsche Gesellschaft für Interkulturelle Trainingsqualität bieten Weiterbildungsmaßnahmen an.

Der Grund für ein Unternehmen, etwas in der Angelegenheit "interkulturelle Kompetenz" in die Wege zu leiten, kann aus drei Ursachen heraus geschehen:

Die Firma ist dazu moralisch verpflichtet.

Die Firma ist dazu gesetzlich verpflichtet.

Die Firma sieht darin eine Möglichkeit, ihre Position im Wettbewerb entweder zu festigen oder sich besser zu platzieren.

Der Anstoß für diese Arbeit war die Entscheidung einer Firma, einem mittelständischen Industrieunternehmen, sich einem neuen Wettbewerb zu stellen, um damit neue Geschäftsfelder zu erschließen. Durch die geschichtliche Ausrichtung der Firma einerseits, durch die Stakeholder andererseits und letztendlich durch den neuen Markt, den es galt zu erobern, war ein interkulturelles Training mandatorisch.

Doch welche Vorteile haben geschulte Mitarbeiter für die Firma? Eine frühzeitige Schulung und Vorbereitung der involvierten Mitarbeiter in Sachen der kulturellen Kompetenz steigert die Verständigung im übertragenen Sinn und liefert zudem effizientere Interaktionen im Unternehmen. Dies bedeutet, dass aufgrund der gesteigerten interkulturellen Kompetenz die Interaktionspartner inhaltlich leichter und sich schneller verständigen und somit effektiver arbeiten. Die Mitarbeiter sind besonders engagiert, weil sie durch ein interkulturelles Projekt ständig im Fokus stehen und somit ihre Arbeit eine hohe Wertschätzung erfährt.

Als weiterer Vorteil ist zu nennen: Die Vernetzung. Die Teilnehmer sind dadurch im Stande, sich gegenseitig besser zu verständigen, sich abzugleichen. Die Vernetzung der Mitarbeiter ist nur gegeben, wenn diese in der Lage sind, über kulturelle Grenzen hinweg entsprechende Kontakte zu knüpfen. Durch den permanenten Informationsaustausch beschleunigen sich auch interne Abstimmungen, die Prozesse verlaufen schneller und akkurater, Missverständnisse werden auf ein Mindestmaß reduziert und Friktionen im Team vermieden. All dies hat einen großen Benefit für das Unternehmen.

In Summe können durch Mitarbeiter, die in Hinblick auf kulturelle Kompetenz geschult wurden, ein Vielfaches des investieren Kapitals für die Schulung dadurch kompensieren, dass sämtliche Abläufe schneller vonstatten gehen. Und da der Zeitfaktor direkt proportional mit dem Kostenfaktor, nämlich dem Arbeitsentgelt steht, ist so unter dem Strich für das Unternehmen dies eine sehr lukrative Investition, die sich nicht nur in Prozenten, sondern sogar um Faktoren auszahlt. Und dies im wahrsten Sinne des Wortes. Finanztechnisch wird dies mit "return-on-investment" bezeichnet. Leider lässt sich dieser "Return" nicht in Zahlen ausdrücken, da der entstehende Vorteil nicht messbar ist.

Auch darf der daraus entstehende Wettbewerbsvorteil gegenüber Mitbewerbern nicht vernachlässigt werden. Letztendlich trägt interkulturelle Kompetenz zum Erfolg des Unternehmens bei, denn die Mitarbeiter sind durch deren Anpassungsfähigkeit in der Lage, auf Veränderungen sehr schnell zu reagieren. Kulturelle Kompetenz ist in einem Unternehmen nicht standardmäßig als vorhandenes Gut zu betrachten. Vielmehr muss dies erst entwickelt werden, was natürlich eine Steigerung der interkulturellen Kompetenz im Unternehmen bedeutet.

Als Ideal hat sich die Kombination aus Weiterbildung auf diesem Sektor und multikultureller Erfahrung herauskristallisiert.

Der Schritt, als Unternehmen global zu agieren und darin erfolgreich zu sein ist zwar marketingtechnisch und strategisch korrekt, jedoch wird der Aspekt der zu schaffenden Voraussetzungen dabei häufig vernachlässigt. Diese Ausfertigung sollte zeigen, welchen Ursprung die Kultur hat. Ferner wurde untersucht, welche Faktoren erfüllt sein müssen, damit interkulturelle Kompetenz zum Garant für den Erfolg wird und welchen Einfluss diese Kompetenz auf die Prozesse und die Projekte im Unternehmen hat.

Der Begriff der interkulturellen Kompetenz wird dabei erweitert. Dieser umfasst nicht nur Kenntnisse und Fähigkeiten einzelner Mitarbeiter, in Interaktionen mit fremdkulturellen Kunden zu kommunizieren und sich zu verständigen, sondern auch mit fremdkulturellen Mitarbeitern z. B. des Mutterstammhauses zu kommunizieren und zu verständigen. Im Allgemeinen muss jeder Teilnehmer, egal welchem Kulturkreis er angehört, die Motivation und die Bereitschaft zur interkulturellen Zusammenarbeit selbständig aufbauen und auch leben.

Kulturelle Kompetenz kann wie ein Tanz betrachtet werden. Man muss lernen, welche Schritte dazu nötig sind, diese dann im richtigen Takt anwenden, um richtig "mittanzen" zu können. Wie in jedem Tanzkurs beobachtet man gerne die anderen und achtet auf deren Schritte. Und ganz wichtig: Wer korrekt tanzt, der führt auch![22]

---

[22] Vgl. Thomas, G. (2012) Interview in der Zeitung "Die Zeit", S. 79

In den Fallbeispielen wurde ausführlich auf die Besonderheiten der arabischen Kultur eingegangen und die Schlüsse daraus abgeleitet, um in Zukunft für etwaige gleichgeartete Fälle besser vorbereitet zu sein und dementsprechend schnell reagieren und richtig agieren zu können. Deutlich wurde herausgestellt, dass eine gründliche Vorbereitung zum Thema Kultur und Kompetenz unabdingbar ist. In den firmeninternen Vorbereitungsveranstaltungen bzgl. interkultureller Maßnahmen müssen unbedingt Praxisbeispiele von bereits dort aktiven Mitarbeitern eingebunden werden. Nur so lässt sich die Effektivität der Veranstaltung steigern. Den Teilnehmern wird rasch bewusst werden, welchen ungeheuer wichtigen Beitrag sie im Einzelnen zum Erfolg des Unternehmens während der Projektabwicklung leisten können.

Konzernseitig empfiehlt es sich, Kontakte zwischen den einzelnen Firmen untereinander und über kulturelle Grenzen hinweg zu knüpfen und zu fördern. Die Austauschbeziehungen sind zu pflegen, beispielsweise durch einen gegenseitigen Austausch der involvierten Projektleiter für einen gewissen Zeitraum von z. B. einigen Wochen.

Solche oder ähnlich geartete Maßnahmen, wie die relevanten Mitarbeiter zusammen zu bringen, steigert die Verständigung sehr, trägt zur Mitarbeitermotivation bei und fördert die Zusammenarbeit. Die daraus entstehenden Netzwerke agieren meist langfristig, solange das Team im Netzwerk weitgehende Beständigkeit aufweist. D. h. der Teamkern bleibt vorhanden, einzelne Zu- und Abgänge sind zu verzeichnen, die aber die Grundstruktur nicht beeinflussen.

Die Resultate einer solchen interkulturellen Zusammenarbeit in einem globalen Unternehmen sind nachhaltig. Ideal ist die Vernetzung, wenn die Mitarbeiter so vernetzt sind, dass sie sich immer unmittelbar untereinander austauschen können, sobald ein Abstimmungsbedarf gegeben ist. Dies reduziert auch den Druck auf die Führung des Unternehmens.

Ferner wird die Kommunikation zwischen den Partnern, hier das Unternehmen und der Kunde, gefördert. Dadurch entstehen zuverlässige und langfristige Bindungen. Auch dies ist ein Ziel eines Unternehmens. Ein stabiler Kundenstamm kreiert Folgeaufträge. Von den daraus resultierenden Erträgen lebt schließlich das Unternehmen.

In dem betrachteten Zeitraum ging das ganze deutsche Projektteam auf die arabische Kultur ein. Leider kam von der anderen Seite, neben den erwähnten nett gestalteten Faxen, sehr wenig, um die Deutsche Kultur kennen zu lernen, zu verstehen und vielleicht auch zu leben. Somit herrschte ein permanentes Ungleichgewicht. Sehr positiv kann gewertet werden, dass die Mitglieder des deutschen Teams hochmotiviert und sehr sicher auf internationalem Parkett agieren. Zahlreiche weitere, hochanspruchsvolle Projekte mit großem kulturellem Einfluss wurden zwischenzeitlich angestoßen. Das Team handelt zur besten Zufriedenheit der Geschäftsführung und liefert hervorragende Ergebnisse ab.

Eigene Erfahrungen von März 2009 bis September 2011

Stefan Bader, Oktober 2012

Literaturverzeichnis

Delhees, Karl-Heinz (1994) Soziale Kommunikation, Psychologische Grundlagen für das Miteinander in der modernen Gesellschaft. Westdeutscher Verlag: Opladen/D, S. 21

Duden   (2001) Das Fremdwörterbuch, Band. 5., 7. Aufl., bibliographisches Institut, Mannheim/D

Hofstede, Geert (1997) Lokales Denken, globales Handeln. Interkulturelle Zusammenarbeit und globales Management, dtv Verlag, München/D, S. 5-288

Gudykunst, William B / Kim Young Yun (2003) Communicating with strangers. An approach to intercultural communication. 4. Auflage, McGrawHill, New York/USA, S. 45-269

Mall, Ram Adhar (2000) Interkulturelle Verständigung. Primat der Kommunikation vor dem Konsens? In: Ethik und Sozialwissenschaften, v. F, Benseler, B. Blanck, R. Keil-Slawik und W. Loh, Jahrgang 11 Heft 3, S. 337

Moosmüller, Alois (1996) Interkulturelle Kompetenz und interkulturelle Kenntnisse. Überlegungen zu Ziel und Inhalt im auslandsvorbereitenden Training. In: Roth, Klaus (Hg.): Mit der Differenz leben. Europäische Ethnologie und interkulturelle Kommunikation. Waxmann, Münster/D, S. 271-272

Rogers, Everett M. (1981) Communication networks. Kincaid, D. Laurence, Toward a new paradigm for research. The Free Press, New York/USA, S. 44

Scholz, Antje (2000) Verständigung als Ziel interkultureller Kommunikation. Eine kommunikationswissenschaftliche Analyse am Beispiel des Goethe-Instituts. Lit Verlag, Münster/D: S. 14-16

Thomas, Alexander (2003) Interkulturelle Kompetenz. Grundlagen, Probleme und Konzepte. In: Erwägen, Wissen, Ethik, 14 (1). S. 141-144

Thomas, Gary (2012) Tanz mit mir. Interview aus: Die Zeit, 25. Oktober 2012, Ausgabe Nr. 44, S. 79

Tylor, Edward Burnett (1889) Primitive culture. Researches into the development of mythology, philosophy, religion, art, and custom.

Internetquellenverzeicnis

http://www.archive.org/stream/primitiveculture01tylouoft/primitiveculture01tylouoft_djvu.txt, abgerufen am 26.10.2012

André Stuth

Marketingkommunikation und die Semantik von Information

Marketing-Kommunikationsmodelle im Vergleich

Marketingkommunikation und die Semantik von Information

Marketing-Kommunikationsmodelle im Vergleich

Wir leben heute in einer Gesellschaft, in der gesunde Lebensweise und gesunde Ernährung immer stärker in den Vordergrund
treten. Dazu kommen ebenfalls solche wichtigen Faktoren wie
eine nachhaltige und umweltfreundliche Produktion aller Land-
wirtschafts- und Industriegüter, der biologisch einwandfreie und
chemiearme Anbau von Nutzpflanzen sowie die artgerechte Haltung von Nutztieren. Außerdem müssen all unsere Konsumgüter
auch noch fair gehandelt werden und damit den Produzenten in
ärmeren Ländern eine angemessene Teilhabe an all den Ergebnissen ihrer Arbeit garantieren. All diese und viele weitere Aspekte
in der Herstellung und im Verkauf von Konsumgütern sind Millionen von Verbrauchern zumindest in den entwickelten Industrienationen inzwischen existentiell wichtig geworden.

**Wie aber kann Marketingkommunikation diese hochkomple-
xen semantischen Aspekte von Information über Produkte
dem Verbraucher heute am besten vermitteln?**

Vielfältige Bedeutungsaspekte von Information treten heute sehr
viel stärker in den Vordergrund, als das früher der Fall gewesen
ist. So genügt es schon lange nicht mehr, uns einen leckeren Bur-
ger auf einer Werbetafel oder im Fernsehen zu präsentieren, um
uns so zum Kauf zu animieren. Es muss auch gleichzeitig erklärt
werden, wo das Fleisch herkommt und natürlich ob und warum
wir uns überhaupt eine solch kalorienreiche Mahlzeit leisten
können.

Damit spielt heute also der Bedeutungsaspekt und damit die mitunter sehr komplexe Semantik von Information in einer kommunizierten Werbebotschaft eine viel größere Rolle, als das früher der Fall war. Reine Stimulus-Response- (S-R) oder Stimulus-Organismus-Response-Modelle (S-O-R) treten damit langsam in den Hintergrund. Sie dienen nur noch dazu, erste Aufmerksamkeit (Attention) für eine Werbebotschaft zu erzeugen.

Außerdem findet allgemein die Meinungsbildung und damit auch die Präferenzierung bestimmter Produkte heute in vielfältigen Diskussionen über Internet und Social Media sehr viel stärker indirekt in den großen sozialen Gruppen unabhängig vom Hersteller und seinen direkten Marketinginstrumenten statt. Auch dort erlangt die Diskussion von Inhalt und Bedeutung, also der Semantik und Pragmatik aller zu einem Produkt verfügbaren Informationen eine viel stärkere Beachtung als ein hübsches Bild oder ein verlockender Slogan sie jemals haben könnten. Und diese neuen Meinungsbildungsinstrumente werden von Tag zu Tag stärker. All dies hat nicht nur eine direkte Bedeutung für die notwendigen Instrumente des Marketings, sondern auch ganz besonders für Art und Inhalt jeder Marketingkommunikation.

Marketingkommunikation ist aber nicht erst heute zu einem der wichtigsten Themen im Bereich Marketing geworden. Beim Studium derzeit verfügbarer Literatur stößt man sehr schnell auf viele schon ältere gemeinsame Grundlagen der Kommunikation als Teile eines lange Zeit vorherrschenden Paradigmas in dieser Fachrichtung, die in der Vergangenheit ebenfalls in anderen Wissenschaften Fuß gefasst hat.

Eigentlich besteht das Wort Paradigma[1] aus den griechischen Teilen für „neben" und „zeigen" in der Bedeutung von „begreiflich machen", „Beispiel", „Vorbild", „Muster", „Abgrenzung" oder „Vorurteil", allgemein auch „Weltsicht" oder „Weltanschauung".

Der Begriff des Paradigma wurde im Sinne von unterschiedlichen wissenschaftlichen Schulen dann von Georg Christoph Lichtenberg in die wissenschaftliche Diskussion eingebracht. Seit dem späten 18. Jahrhundert verwendet man das Wort Paradigma, um damit eine bestimmte wissenschaftliche Denkweise einer wissenschaftlichen Gemeinschaft oder eine ganz bestimmte Art der Weltanschauung bei Gruppen von Menschen zu bezeichnen. In der Neuzeit erfuhr der Begriff des Paradigma ganz besondere Aufmerksamkeit durch Thomas S. Kuhn[2] sowie in der anschließenden, mitunter sehr heftigen Diskussion seiner beiden Bücher zu diesem Thema.

Jens Asendorpf[3] definiert nun den Begriff des Paradigma neu im Jahre 2009 wie folgt: „Ein Wissenschaftsparadigma ist ein einigermaßen zusammenhängendes, von vielen Wissenschaftlern geteiltes Bündel aus theoretischen Leitsätzen, Fragestellungen und Methoden, das längere historische Perioden in der Entwicklung einer Wissenschaft überdauert." Der Begriff des Paradigma hat damit also, gewollt oder ungewollt, auch heute eine wirklich zentrale Bedeutung für jede Wissenschaft.

---

[1] Vgl. Margaret Masterman (1970) The Nature of a Paradigm, In: Imre Lakatos / Alan Musgrave: Criticism and the Growth of Knowledge, S. 59–90.
[2] Vgl. Kuhn, Thomas S. (1970) Die Struktur wissenschaftlicher Revolutionen und (1977) Die Entstehung des Neuen, S. 389 ff.
[3] Vgl. Jens B. Asendorpf (2009) Persönlichkeitspsychologie, S. 13

In der aktuellen Literatur zur Marketingkommunikation kann man so eine ganze Reihe von gemeinsamen Grundlagen und Bestandteilen eines gemeinsamen Paradigmas entdecken, die sich dann wie ein roter Faden auch durch all die daraus abgeleiteten Erkenntnisse ziehen. Dies betrifft vor allem und ganz besonders die vielen Gemeinsamkeiten bei den eingesetzten bildlichen Methapern in den allgemeinen Grundlagen jedes Kommunikationsereignisses und damit die Kommunikationsmodelle.

Grundlegende Basis und vorherrschendes Paradigma ist hier auch heute immer noch das Kommunikationsmodell von Claude E. Shannon[4] aus dem Jahre 1948. Es besitzt bis zum heutigen Tag einen sehr großen Wiedererkennungswert als ganz einfache bildliche, modellhafte Metapher der Kommunikation. Wahrscheinlich wird es deshalb besonders oft, gern und verschieden stark ergänzt oder erweitert eingesetzt. Schließlich haben wir ja auch immer zwei oder mehr Kommunikationspartner und insbesondere im Marketing eine wie auch immer geartete Datenübertragung einer Nachricht zwischen diesen.

Dieses reine Sender-Empfänger-Modell der Kommunikation wurde von Shannon aber ganz allein zum Zweck der wahrscheinlichkeitstheoretischen und statistischen, also der rein mathematischen Betrachtung von nachrichtentechnischer Datenübertragung geschaffen. Es geht ausschließlich um die rein naturalistische Betrachtung syntaktischer Datenübertragung von einem Sender zu einem Empfänger der Daten[5].

[4] Vgl. Shannon, Claude E. (1948) A Mathematical Theory of Communication, In: Bell System Technical Journal 27, S. 379 ff. und 623 ff.
[5] Vgl. Jahnich, Peter (2006) Was ist Information?, S. 71 ff.

Shannon merkt selbst an, dass sein ausschließlich rein nachrichtentechnischer Informationsbegriff keinesfalls mit der Bedeutung, also mit der Semantik von Information außerhalb der Nachrichtentechnik verwechselt werden darf. Trotzdem wird diese für einen wirklich vollständigen und ganzheitlichen Informationsbegriff leider völlig unzureichende Betrachtungsweise bis zum heutigen Tag weiterhin sehr vielfältig eingesetzt.

Shannon schlussfolgert aus diesem Modell, dass die Datenübertragung verschiedene Redundanzen benötigt, um auch bei möglichen Störungen im Übertragungskanal eine syntaktisch vollständige Nachricht beim Empfänger ankommen zu lassen. Das inhaltliche Verständnis der Bedeutung der Nachricht für den Empfänger bleibt aus seiner Betrachtung völlig ausgeschlossen.

Die Shannonsche „A Mathematical Theory of Communication" ist also in Wirklichkeit eine mathematische Theorie der nachrichtentechnischen Datenübertragung. Aus der bloßen syntaktischen, mathematischen oder wahrscheinlichkeitstheoretischen Betrachtung der Übertragung eines begrenzten Zeichenvorrates lässt sich aber keinesfalls schon auf dessen semantischen Informationsgehalt schließen. Die Verbindung von Syntaktik und Semantik ergibt sich nun mal nicht aus statistischen Funktionen.

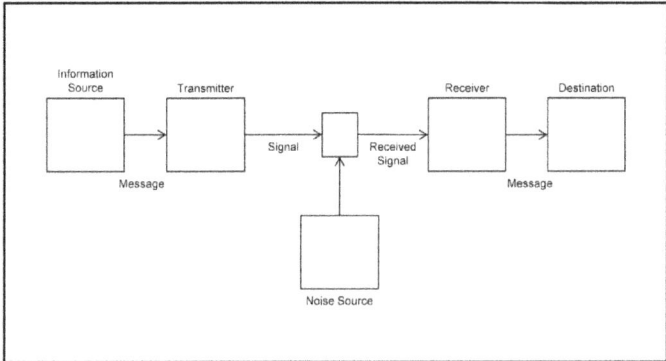

Abbildung 1: Kommunikationsmodell von Claude E. Shannon[6]
aus dem Jahre 1948

Im Gegensatz zum Neuigkeitswert von Daten ist der Neuigkeitswert von Information ebenfalls nicht über statistische oder wahrscheinlichkeitstheoretische Betrachtungen der Datenübertragung
ermittelbar, sondern ausschließlich über die tatsächliche Bedeutung der Nachricht für den Empfänger.

Syntaktisch völlig gleich aufgebaute Daten können zum Beispiel
bei ihrer Übertragung in unterschiedlichen Situationen oder zu
ganz verschiedenen Empfängern eine völlig andere Semantik
hervorrufen. Genauso ist es aber auch möglich, die gleiche Semantik mit einer deutlich variierenden Syntax zu erreichen. Ein
Operieren allein mit dem Neuigkeitswert syntaktischer Daten ist
also deshalb auch keinerlei Maß oder gar etwa die Grundlage für
den tatsächlichen Informationsgehalt einer Nachricht für einen
Empfänger.

---

[6] Vgl. Shannon, Claude E. (1948) A Mathematical Theory of Communication, In:
Bell System Technical Journal 27, S. 379 ff.

Für diesen Empfänger einer Nachricht steht jedoch immer und ausschließlich die vielfältige und sehr komplexe Bedeutung von Information im Mittelpunkt. Sie ist ja auch der eigentliche und ursprüngliche Zweck jeglicher Datenübertragung und jeglicher Informationsaufnahme. Schließlich wollen wir uns nicht damit zufrieden geben, nur allein die Schönheit einer Syntax zu bewundern oder uns von ihr etwa nur kurzweilig unterhalten zu lassen.

Erst nach der vollständigen Interpretation der Bedeutung eines Kommunikationsereignisses können wir dann auch wirklich von Information und nicht mehr nur von reiner nachrichtentechnischer Datenübertragung einer beliebigen Syntax von Zeichen sprechen. Erst dann lässt sich außerdem auch der tatsächliche Neuigkeitswert dieser Information ermitteln.

Außerdem kann Kommunikation auch keine Einbahnstraße sein, d.h. im Gegensatz zur nachrichtentechnischen Datenübertragung bedarf es immer der wechselseitigen Reaktion und Verständigung zweier oder mehrerer Kommunikationspartner, um erfolgreich zu kommunizieren.

Bezugnehmend auf die historisch bis zu Charles W. Morris[7] zurückgehende Einteilung der Semiotik bezeichnet Holger Lyre[8] das sinnvolle Herangehen an einen möglichst vollständigen Informationsbegriff in seinem Buch „Informationstheorie" als semiotische Dreidimensionalität, bestehend aus:

---

[7] Vgl. Morris, Charles W. (1938) Foundations of the Theory of Signs, dt. (1988) Grundlagen der Zeichentheorie
[8] Vgl. Lyre, Holger (2002) Informationstheorie, S. 16 ff.

- **Syntax:**

  Auftreten einzelner Informationseinheiten, ihrer Struktur und Anordnung sowie der Beziehungen der Informationseinheiten untereinander

- **Semantik:**

  Bedeutung der Informationseinheiten für den Aufnehmenden der Information und die Beziehung der Bedeutungen untereinander

- **Pragmatik:**

  Wirkung der Informationseinheiten und Wirkung ihrer Beziehungen untereinander

Jede dieser drei Dimensionen bezeichnet einen charakteristischen Aspekt von Information. Erst alle drei Aspekte gemeinsam bilden dann die vollständige Gesamtcharakteristik von Information. Fehlt einer dieser drei Aspekte, so hat man auch immer nur eine stark verkürzte Sichtweise auf die Gesamtcharakteristik dieses Informationsbegriffs. Für einen vollständigen Informationsbegriff genügt uns also die eher rein naturalistische Kategorie der Daten in einer bestimmten Syntax bei weitem nicht mehr. Information ist nur das, was für uns auch eine Bedeutung hat und eine Bedeutungsinterpretation zulässt.

Deshalb bedarf das vollständige Verständnis von Information auch immer eines Interpreten, der über diese komplexen semantischen Interpretationsmöglichkeiten verfügt. Daraus muss man nun schlussfolgern, dass auch eine erfolgreiche Kommunikationstheorie die Kommunikationspartner keinesfalls auf ihre Rolle als Sender und Empfänger von Daten über ein bestimmtes Medium reduzieren darf. Der Vorgang der semantischen und pragmatischen Interpretation und damit die besonders wichtige Rolle der Kommunikationsteilnehmer als Interpreten von Information sowie natürlich auch die Wechselseitigkeit von Kommunikation müssen heute sehr viel stärker in den Vordergrund treten, als das bisher der Fall war.

Um diesem Manko zu entgehen, wurde bisher meist versucht, das Shannonsche Kommunikationsmodell einfach nur entsprechend aufzubohren und um die zwei Aspekte Semantik und Pragmatik sowie um die Wechselseitigkeit von Kommunikation zu erweitern. Ich möchte hierfür gern zwei sehr gute, aktuelle Beispiele anführen. Diese stellen aber wirklich nur einen kleinen Ausschnitt aus der wissenschaftlichen Diskussion auch auf dem Gebiet der Marketingkommunikation der letzten Jahrzehnte dar.

Eine sehr gute Erweiterung des Shannonschen Kommunikationsmodells findet sich in den Grundlagen der Kommunikation im Buch „Marketingkommunikation" von Harald Vergossen[9] aus dem Jahre 2004. Zur Definition von Kommunikation zitiert er Koschnik von 2003: „Unter Kommunikation wird im Allgemeinen der Austausch von Informationen (Botschaften) verstanden. Dabei übermittelt ein Sender, der sog. Kommunikator über ein bestimmtes Medium eine Aussage an einen Empfänger, den sog. Kommunikanten oder Rezeptienten. Durch seine Reaktion wird der Rezeptient zum Kommunikator und umgekehrt."

---

[9] Vgl. Vergossen, Harald (2004) Marketingkommunikation, S. 19 ff.

Als Kommunikationsmodell verwendet auch Vergossen, sicher in
Folge der eingesetzten Kommunikationsdefinition, eine stark
erweiterte Darstellung des Shannonschen Kommunikationsmodells in Anlehnung an Weis von 2004:

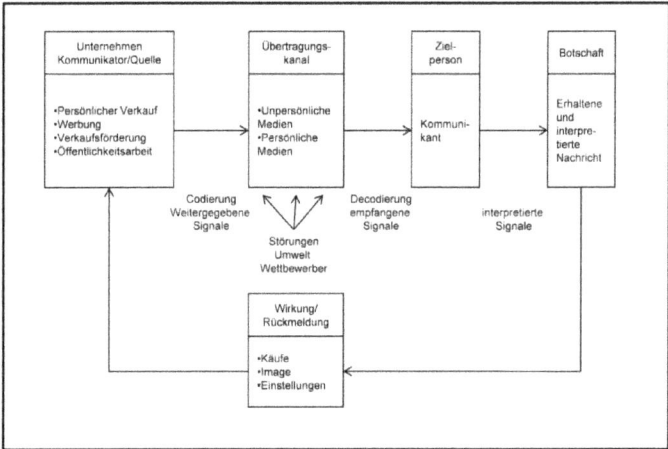

Abbildung 2: Kommunikationsmodell von Harald Vergossen[10]
aus dem Jahre 2004

Das Hauptproblem jeder Kommunikation ist aber keineswegs nur
ein möglicherweise gestörter Übertragungskanal, sondern eigentlich in Wirklichkeit das anschließende, tatsächliche semantische
Verständnis der Bedeutung von Information beim Interpreten.

---

[10] Vgl. Vergossen, Harald (2004) Marketingkommunikation, S. 19 ff.

Dazu ist nicht nur eine vollständige empfangene Syntax bei der
Übertragung von Informationen notwendig, sondern insbesondere
das richtige Ansprechen des beim Rezipienten der Werbebotschaft bereits vorhandenen semantischen Wissens. Natürlich
denkbar ist aber auch die sinnvolle Ergänzung dessen vorhande-
ner semantischer Wissensrepräsentation um ganz neue, für den
Kommunikanten interessante Wissensbausteine. Es geht also
eigentlich um Verifikation, Falsifikation oder auch um die Ergänzung des semantischen Wissensgebäudes des Empfängers einer
Nachricht durch die neu ankommende Information. Interessant
kann dabei natürlich immer nur die Information sein, welche das
Wissen um die Grundeinstellungen des potenziellen Konsumenten, z.B. zu gesunder Lebensweise und gesunder Ernährung, zu
biologischem Anbau oder Zucht ohne Genmanipulationen, zu
nachhaltiger, umweltfreundlicher Produktion und zu fairem Han-
del sinnvoll ergänzt oder aber das bereits vorhandene Wissen
möglichst eindrucksvoll bestätigt.

Im Vordergrund steht also nicht mehr nur allein die Nachrichten-
übertragung und auch keinesfalls allein der Stimulus, der ähnlich
dem bekannten Pawlowschen Hund hier rein behavioristisch
einen Response beim potentiellen Verbraucher hervorruft. Im
Vordergrund steht die Übermittlung umfangreicher und mitunter
komplexer semantischer Information, die der vorhandenen semantischen Wissensrepräsentation des Verbrauchers gerecht
werden muss oder diese sogar sinnvoll ergänzt. Marketing und
Marketinginstrumente werden damit heute viel stärker zum
Übermittler der umfassenden Bedeutung von Eigenschaften und
Herkunft eines Konsumprodukts, seiner Herstellung und seines
Handels als das früher der Fall war. Das alte Marketing der Bilder
und der Slogans für ein Produkt wird heute um das Marketing der
umfangreichen semantischen Bedeutung desselben erweitert.

Ein anderes eindrucksvolles Beispiel für eine starke Erweiterung des Shannonschen Kommunikationsmodells ist das vielgelesene Buch „Marketingkommunikation" von Werner Pepels[11] in der 2. Auflage von 2011. Hier finden bereits die wichtigsten Elemente der semiotischen Dreidimensionalität von Information Anwendung, dafür wird zumindest anfangs aber die Wechselseitigkeit von Kommunikation stark vernachlässigt.

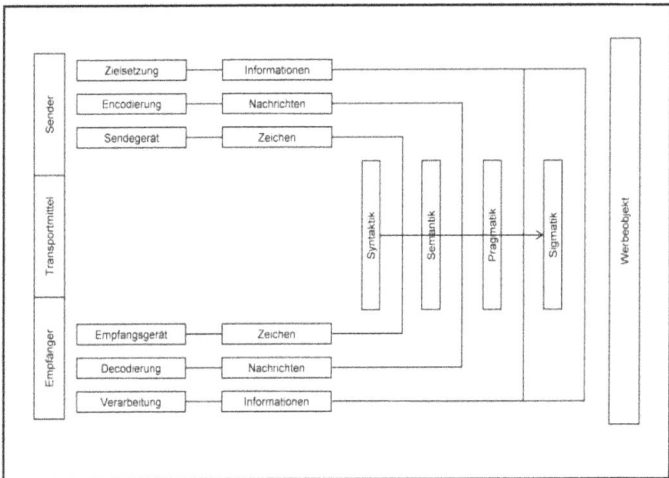

Abbildung 3: Kommunikationsmodell von Werner Pepels[12] aus dem Jahre 2011

---

[11] Vgl. Pepels, Werner (2011) Marketingkommunikation, 2. überarbeitete Auflage, S. 22 ff.
[12] Vgl. Pepels, Werner (2011) Marketingkommunikation, 2. überarbeitete Auflage, S. 22 ff.

Trotzdem bleibt auch hier die alleinige Vorstellung vom Sender und Empfänger die Grundlage aller Erweiterungen. Die tatsächliche Bedeutung des Interpretationsvorgangs bleibt noch im Hintergrund. Diese gesamte Entwicklung war bisher sehr stark durch die rein naturalistische Vorstellung geprägt, dass die gesamte Botschaft mit ihrer umfangreichen Semantik und Pragmatik komplett bereits vollständig in der Syntax oder in den Bildern der Informationsübermittlung enthalten wäre. Die Rolle des Informationsaufnehmenden als Interpret, unter Zuhilfenahme des gesamten Wissens seines Lebens sowie unter der Berücksichtigung seiner aktuellen äußeren und inneren Situation, bleibt leider auch hier völlig unberücksichtigt.

Von Information Können wir erst sprechen, wenn auch ihre Bedeutung umfassend interpretiert wurde. Deshalb bedarf Information auch immer eines Interpreten, der über die nötigen komplexen semantischen und pragmatischen Interpretationsmöglichkeiten verfügt.

Die alte Vorstellung von der kompletten Übermittlung aller drei Dimensionen von Information innerhalb einer Nachricht in einer wie auch immer gearteten Syntax genügt heute bei weitem nicht mehr. Schon die einfachsten Zeichen, Symbole oder Ikons werden von uns nur dann erkannt, wenn sie bereits auch mit einer Bedeutung in unserer Wissensrepräsentation im Gehirn verbunden und gespeichert sind.

Neue Zeichen müssen uns erst einmal in ihrem komplexen Zusammenhang mit ihrer Bedeutung erklärt werden. Erst dann löst
ein Zeichen oder ein Begriff in der Syntax einer Werbebotschaft
auch später die gewünschte Assoziation beim potenziellen Konsumenten aus. D.h. die eigentliche Bedeutung befindet sich also
keineswegs direkt in den uns übermittelten Zeichen, sondern
immer in dem Wissen darüber und in der Wissensrepräsentation
in unserem Kopf. Alle Bemühungen, allein aus der Syntax natürlich-sprachlicher Kommunikation vollständig formal ihre viel-
schichtige Semantik gewissermaßen algorithmisch ableiten zu
können, sind also von vornherein zum Scheitern verurteilt. Nicht
nur die mitunter völlig verschiedenen semantischen Ebenen unseres Wissens über Sprache und über die Realität verhindern das.

Wir müssen heute vielmehr die völlig neue Vorstellung entwickeln, dass mit der übermittelten Syntax immer nur ein Index in
der vorhandenen semantischen Wissensrepräsentation in unserem
Gehirn angesprochen wird. Erst nach der Erkennung eines Zeichens gelangen wir dann über diesen Index in mehreren Stufen zu
den bereits vorhandenen semantischen Wissensbausteinen und
diese befinden sich nicht in der Syntax, sondern direkt in unserer
semantischen Wissensrepräsentation im Gehirn. Nur ganz selten,
in erster Linie bei völlig neuen Sachverhalten, wird uns die Bedeutung von Information ausführlich erklärt und damit dann hier
die Semantik auch tatsächlich über die Syntax mitgeliefert.

Die Syntax unserer Sprache steht also eigentlich immerzu in direkter Beziehung und in ständiger Wechselwirkung mit unserer Wissensrepräsentation im Gehirn. Diese semantische Wissensrepräsentation ist im Laufe unseres gesamten Lebens ständig gewachsen und beinhaltet alles Wissen und alle Anschauungen, die wir bisher entwickelt haben. Klix, Roth und van der Meer[13] unterscheiden dabei sehr deutlich das deklarative Objektwissen vom eher prozeduralen Situations- oder Ereigniswissen.

Deklaratives Objektwissen enthält dabei die eher extensionale Bedeutung von Symbolen oder Begriffen wie wir sie in Lexika oder Wikis finden können, linguistisches prozedurales Ereigniswissen bezieht sich auf strukturelle Semantik von Wortgruppen, Sätzen oder ganzen Texten. Außerdem gibt es auch das für uns immens wichtige, extensionale prozedurale Ereigniswissen, dessen Wissensrepräsentation aber bis heute in seiner Art und Bedeutung sowie in seiner Beziehung zum deklarativen Objektwissen noch nicht ausreichend erforscht ist.

Die eigentliche Bedeutung, also die tatsächliche, sehr umfangreiche Semantik sprachlicher Einheiten setzt sich immer aus mehreren Bestandteilen zusammen. Der Übersichtlichkeit halber soll hier die Semantik von Information in drei wesentliche Gruppen unterteilt werden:

---

[13] Vgl. Klix / Roth / van der Meer (1991) Kognitive Prozesse und geistige Leistung, S. 1 ff. und S. 41 ff.

- **Extensionale Semantik**

Diese stellt die Beziehung von Zeichen und Begriffen zu ihren extensionalen Designaten, also zu lokalen Objekten und zu prozeduralen Ereignissen dar. Damit wird die Bedeutung eines Zeichens oder eines Begriffs vorerst rein auf seine Bezeichnung eines realen Objekts oder Ereignisses beschränkt. Zur extensionalen Semantik gehört auch, meist völlig unbewusst, eine hinreichende Beschreibung oder Visualisierung des bezeichneten Objekts oder Ereignisses in unserer semantischen Wissensrepräsentation.

- **Strukturale Semantik**

Diese untersucht die Bedeutung von Wortgruppen oder ganzen Sätzen und ermittelt damit abhängig von der Wortstellung, der Zeitform und der Satzbildung die Bedeutung längerer sprachlicher Äußerungen als die extensionale Semantik. Bei dieser Untersuchung sprachlicher Einheiten steht die umfassende Analyse und der ständige Vergleich mit unserer vorhandenen linguistischen Wissensrepräsentation in der jeweils verwendeten Sprache immer im Mittelpunkt.

- **Intensionale Semantik**

Diese untersucht die Bedeutung sprachlicher Einheiten nicht als absolute Größe, sondern immer in Abhängigkeit der Bedeutung für uns selbst sowie in unserer aktuellen äußeren und inneren Situation. Außerdem werden von der intensionalen Semantik vielfältige Verknüpfungen mit unseren anderen Wissensbausteinen in mitunter sehr verschiedenen semantischen Ebenen unserer im Laufe des gesamten Lebens gewachsenen und deshalb immer sehr individuellen semantischen Wissensrepräsentation im Kopf angesprochen.

Wir können also bei allen Spielarten der Semantik von Information sehr deutlich sehen, dass sich diese keineswegs direkt in der
reinen Syntax von Daten einer übermittelten Botschaft befindet,
sondern immer erst später durch die direkte Beziehung von Sprache mit unserer vorhandenen Wissensrepräsentation im Kopf
entsteht. Ein reines Sender-Empfänger-Modell ist deshalb für die
vollständige Betrachtung aller drei Aspekte von Information in
Syntax, Semantik und Pragmatik völlig unzureichend.

Es muss zusätzlich immer der reine Empfänger von Daten um
seine immens wichtige Rolle als Interpret von Information erweitert werden. Erst dann können wir auch die tatsächliche, mitunter
sehr komplexe und umfassende Bedeutung von Information ermitteln und damit dann auch nicht mehr nur von Daten, sondern
wirklich von Information sprechen. Die vorhandene Wissensrepräsentation in unserem Kopf spielt damit in ihrer Interpretations-
funktion übermittelter Information die wichtigste Rolle. Information in allen drei Aspekten von Syntax, Semantik und Pragmatik
entsteht also immer erst durch die umfassende Interpretation einer
übermittelten Nachricht.

Erfolgreiche Marketingkommunikation muss deshalb auch unbedingt die bereits vorhandene Wissensrepräsentation potentieller
Kunden berücksichtigen oder diese mit sinnvollen Alleinstel-
lungsmerkmalen eines Produkts sogar noch wesentlich erweitern.
Erst die Interpretation beim Aufnehmenden der Information erzeugt dann die tatsächliche Semantik einer Werbebotschaft.

Da aber keine zwei Menschen auf der Welt über die gleiche Wissensrepräsentation verfügen oder sich in der gleichen äußeren und inneren Situation befinden, kommt es dabei sehr häufig auch zu ganz verschiedenen Interpretationsergebnissen. Diese sind gewollt oder ungewollt entweder von Vorteil oder von Nachteil für den, der uns hier Information übermitteln will. Manchmal können sich daraus aber auch nur wirklich erheiternde Begebenheiten entwickeln, wie sie sicher jeder schon mal als unvermutete Missverständnisse in den verschiedensten Kommunikationssituationen erlebt hat.

Sprachverständnis ist also immer das wechselseitige Zusammenwirken von sequentiell übermittelter Syntax mit der umfangreichen Interpretation ihrer Semantik und Pragmatik mit Hilfe der semantischen Wissensrepräsentation im Gehirn.

Dazu kommt dann ebenfalls die jeweilige äußere und innere Situation des Aufnehmenden und Interpreten von Information, die immer eine beachtliche semantische Bandbreite von Interpretationsmöglichkeiten ein und derselben sequentiellen Syntax ermöglichen. Das Problem bei der Übertragung von Information ist also keineswegs nur allein ein gestörter Übertragungskanal zwischen Sender und Empfänger, sondern immer die Tatsache, dass wir zum Einen nie genau wissen können, in welcher äußeren und inneren Situation sich der Empfänger gerade befindet und zum Anderen auch nicht genau über dessen bereits vorhandenen semantischen Wissensstand Bescheid wissen.

Aus diesen beiden Tatsachen ergibt sich eine mitunter sehr große Variationsbreite von möglichem semantischem und pragmatischem Verständnis beim Empfänger von all dem, was wir ihm eigentlich übermitteln wollen. Das gilt auch dann, wenn die übermittelte Nachricht beim Empfänger syntaktisch korrekt und vollständig ankommt.

Deshalb sollte die bildliche Metapher des Shannonschen Sender-Empfänger-Modells für ein Kommunikationsmodell in der Marketingkommunikation und auch für andere Wissenschaften heute unbedingt grundsätzlich überdacht werden. Peter Janich[14] bezeichnet diese rein syntaktische Betrachtung von nachrichtentechnischer Datenübertragung auch als Naturalisierung der eigentlich eher kulturell bedingten, natürlich-sprachlichen, menschlichen Kommunikation.

Der Schüler, der eine Hausaufgabe vollständig und gewissenhaft erledigt hat, versteht den darauf aufbauenden Lehrstoff doch ganz anderes als einer, der diese Grundlagen noch nicht verinnerlicht hat. (semantischer Wissensstand)

Genauso kann man auch annehmen, dass ein besorgter Student mit einer schwerkranken Mutter einer Medizinvorlesung ganz andere Aspekte abgewinnt, als der mit einer gesunden Familie. (äußere Situation)

Auch die aktuelle Aufmerksamkeit für Kommunikationsprozesse schwankt mitunter sehr stark abhängig von der Befindlichkeit und inneren Situation der anwesenden Kommunikationsteilnehmer und löst so mitunter heftige Verständnisprobleme aus. (innere Situation)

Zu beachten ist beim Quellenstudium außerdem immer der Sprachgebrauch zu Zeiten der Informationsquelle. Erst der Vergleich mit anderen Quellen aus einer längeren Entwicklungs- und Diskussionsgeschichte ermöglicht einen vollständigen Überblick.

---

[14] Vgl. Janich, Peter (2006) Was ist Information?, S. 26 ff.

Es steht also immer nicht eine absolute, sondern die relative Bedeutung von Information im Vordergrund, in direktem Bezug zu unserem Wissen, zu unserem Sprachgebrauch sowie zu unserer inneren und zu unserer äußeren Situation. Information ist also im Gegensatz zu Daten immer etwas Relatives, Bezugnehmendes.

Grundlage für ein volles Semantik-Verständnis ist außerdem die gemeinsame sozio-kulturelle Gesprächssituation, in der sich alle Kommunikationsteilnehmer gerade befinden. Diese bestimmt auch unseren Sprachgebrauch und sollte für eine erfolgreiche Kommunikation immer möglichst ausführlich bekannt sein. Wovon wir aber leider nicht ausreichend Kenntnis haben können, ist der aktuelle Wissensstand sowie die innere und äußere Situation der anderen Kommunikationsteilnehmer. Deshalb ist auch eine hinreichende Erklärung ganz neuer Semantik in einer modernen Werbebotschaft von Nöten.

Die mitunter sehr komplexen ökologischen Zusammenhänge heutiger Ansprüche potenzieller Konsumenten zwingen die Marketingkommunikation ganz einfach dazu. Diese Zusammenhänge treten deshalb heute gegenüber all den alten Stimulus-Response-Modellen ganz besonders in den Vordergrund jeder Art von Marketingkommunikation. Die weitere Interpretation und Bewertung dessen, was uns da bildlich und textlich präsentiert wird, nehmen wir ohnehin immer stärker selbst vor. Die technischen Mittel und sozialen Communities bieten uns dabei bisher ungeahnte Möglichkeiten. Deshalb tritt unsere eigene Wissensrepräsentation heute auch viel stärker in den Vordergrund und Mittelpunkt jedes Kommunikationsereignisses.

Daraus ergibt sich nun ein ganz neuer, noch ausführlich zu diskutierender Vorschlag für ein künftig mögliches, modernes paradigmatisches Kommunikationsmodell:

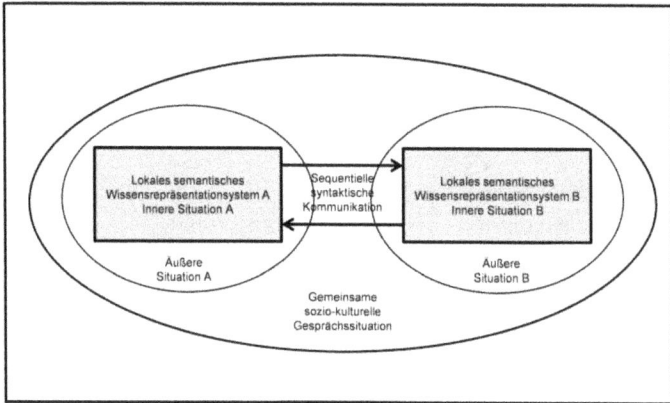

Abbildung 4: Kommunikationsmodell von André Stuth aus dem Jahre 2012

Marketingkommunikation muss sich viel stärker auf das richtige Ansprechen der bereits vorhandenen Wissensbausteine in unserem Gehirn konzentrieren und dann erst überlegen, wie sich die notwendige Botschaft in eine griffige Syntax oder ansprechende Bilder packen lässt. Genauso wird es aber auch immer wichtiger, dem potentiellen Konsumenten ganz neue semantische Wissensbausteine zu vermitteln, die seine bisherige Wissensrepräsentation nachhaltig sinnvoll erweitern.

Die Diskussion und die endgültige Bewertung findet heute über Internet und Social Media ohnehin sehr viel stärker direkt beim Konsumenten innerhalb seiner sozialen Gruppe statt. Er wird damit wesentlich unabhängiger gegenüber den alten Marketinginstrumenten der großen Anbieter und muss sich heute auch in einem komplexen medialen Umfeld sehr viel stärker auf sein eigenes Wissen oder auf das einer großen sozialen Gruppe verlassen, als das früher der Fall war.

Unser eigenes Wissen erhält somit heute für uns einen viel größeren Stellenwert als in der Vergangenheit.

Die heutige Informationsflut bringt neben den klar ersichtlichen Vorteilen auch eine ganze Reihe von Nachteilen mit sich. So wird es heute immer schwieriger, in der riesigen Informationsflut, die sich tagtäglich über alle Medien in unsere Wohnzimmer ergießt, auch die notwendigen und für uns selbst wirklich relevanten Informationen zu selektieren. Wir leben immer mehr in einer Gesellschaft der Information-Overloads, aus der uns nur unser eigenes Wissen und das unserer sozialen Gruppen befreien können.

Man kann und darf sich auch nicht mehr mit der Gesamtheit all dieser Information komplett beschäftigen, sondern muss ganz gezielt und vollbewusst nach eigenen Interessen und eigener Relevanz-Festlegungen selektieren und so Information dann auch selbst anhand des bereits vorhandenen Wissens und unter der Zuhilfenahme von anderen Quellen bewerten.

Diskussionen in sozialen Gruppen rücken immer stärker in den Mittelpunkt. Alle Massenmedien bilden heute auf nahezu unendlich vielen Kanälen ein sehr deutlich fühlbares informatorisches Grundrauschen ab, das dabei leider auch viele wichtige und eigentlich dringend notwendige Aspekte von Information für den ungeübten Beobachter einfach so verdeckt.

Holger Lyre[15] bemerkt deshalb zu Recht, dass es für uns dringend notwendig und eigentlich sogar zwingend geboten ist, die heutige Gesellschaft viel eher als eine Wissens- und Bildungsgesellschaft zu verstehen und zu konzipieren. Erst diese erlaubt es uns dann, mit der ungeheuren Informationsflut in unserem Wohnzimmer oder unserem Arbeitsplatz auch ganz gezielt fertig zu werden und wirklich sinnvoll umzugehen.

André Stuth, Mai 2012

---

[15] Vgl. Lyre, Holger (2002) Informationstheorie, S. 15

Literaturverzeichnis

Asendorpf, J.B. (2009) Persönlichkeitspsychologie

Janich, P. (2006) Was ist Information? Kritik einer Legende, Suhrkamp Verlag, Frankfurt a.M.

Klix / Roth / van der Meer (1991) Kognitive Prozesse und geistige Leistung, Deutscher Verlag der Wissenschaften, Berlin

Kuhn, T. S. (1970) Die Struktur wissenschaftlicher Revolutionen, Suhrkamp Taschenbuch Wissenschaft, Frankfurt a.M.

Kuhn, T.S. (1977) Die Entstehung des Neuen, Suhrkamp Taschenbuch Wissenschaft, Frankfurt a.M.

Lyre, H. (2002) Informationstheorie, Wilhelm Fink Verlag GmbH & Co. KG, München

Masterman, M. (1970) The Nature of a Paradigm, In: Imre Lakatos / Alan Musgrave: Criticism and the Growth of Knowledge, Cambridge, S. 59–90

Morris, C. W. (1938) Foundations of the Theory of Signs, (dt. Ausgabe 1988) Grundlagen der Zeichentheorie, Fischer Verlag, Frankfurt a.M.

Pepels, W. (2011) Marketingkommunikation, 2. überarbeitete Auflage, UVK Verlagsgesellschaft mbH, Konstanz und München

Shannon, C. E. (1948) A Mathematical Theory of Communication, In: Bell System Technical Journal 27, S. 379 ff., 623 ff.

Vergossen, H. (2004) Marketingkommunikation, Friedrich Kiel Verlag, Ludwigshafen

Last but not least

Der Thalamus Verlag Leipzig in eigener Sache

Interessante Beiträge willkommen!

Information Technology, Economics & Management

Ausgewählte Schriften aus Wissenschaft und Praxis

Die neue TVL-Reihe „Information Technology, Economics & Management" erscheint halbjährlich für Sie und soll sowohl interessierten Lesern, wie auch engagierten Autoren eine ganz neue, eigene Diskussionsplattform bieten. Neben IT- und betriebswirtschaftlichen Themen stehen dabei die Fragen der Nachhaltigkeit unserer Entwicklung in all ihren Aspekten stets im Vordergrund.

Immer bedarf es dabei eines aktiven, effizienten und effektiven Managements aller weiteren Entwicklungen. Nur ganz allein von selbst lässt sich unsere Zukunft eben nicht bewusst aktiv gestalten und damit in die von uns gewünschten Bahnen lenken, die wir heute leider noch lange nicht erreicht haben. Wissen und Information werden dabei immer wichtiger. Wer aber sollte über dieses Wissen verfügen, wenn nicht Sie, die Sie an den verschiedensten Stellen in unserer Ökonomie ganz praktisch beruflich tätig sind?

Genauso sind neueste Erkenntnisse aus Wissenschaft und Technik gefragt, die noch Ihrer umfassenden praktischen Anwendung harren. Erst die fruchtbare Verbindung von Forschung und Praxis ermöglicht uns einen umfassenden Überblick zu all den real verfügbaren Gestaltungsmöglichkeiten einer gemeinsamen Zukunft.

Interessante Beiträge willkommen!

Kontakt und Zusendung unter: Scripts-Thalamus@outlook.com

Sehr geehrte Leserinnen und Leser,

natürlich freue ich mich auch ganz persönlich, wenn Sie diese neue Reihe des Thalamus Verlags Leipzig wirklich interessant und vielleicht sogar richtig spannend finden. Noch viel mehr würde ich mich aber freuen, wenn Sie dieses neue Medium auch als Ihre ganz eigene Diskussionsplattform betrachten, auf der Sie selbst Ihre eigenen interessanten Beiträge zum Thema:

Information Technology, Economics & Management

einbringen können. Dabei sind Ihre ganz eigenen praktischen, beruflichen Erfahrungen zu diesem Thema genauso wertvoll wie neue wissenschaftliche Erkenntnisse. Ich bitte Sie höflichst um Ihr Verständnis dafür, dass wir natürlich gezwungen sind, eine Vorauswahl nach Relevanz und Inhalt möglicher Artikel für die halbjährlichen Ausgaben dieser Reihe zu treffen.

Das Thema Nachhaltigkeit in Informationstechnologie und Ökonomie mit all seinen vielfältigen ökonomischen Aspekten hat dabei ganz besonderen Vorrang. Unsere weitere Entwicklung bedarf des sinnvollen aktiven und nachhaltigen Managements von Ökonomie und Informationstechnologie. Nur so können wir die manchmal sehr harte Realität ökonomischer Zwänge mit unseren modernen Ansprüchen an eine ökologische, gerechte und nachhaltige Entwicklung für alle Menschen verbinden. Auf keinen Fall darf man diese Entwicklung weiterhin einem Trial-and-Error-Prinzip oder dem Zufall überlassen, wie das früher der Fall war.

Deshalb freue ich mich auch schon heute auf Ihre wertvollen Beiträge zu diesem eigentlich sehr anspruchsvollen Thema!

André Stuth, Oktober 2012

Man sagt: Dort wo niemand zuhört,
existiert auch kein Klang,
weil niemand die rein mechanischen
Schwingungen als Wohlklang interpretiert.

Ausblick auf eine weitere Ausgabe dieser TVL-Reihe

Die Grundlagen einer vollständigen Informationstheorie

Leseprobe des Leitartikels der Ausgabe 1 / 2013

Die Grundlagen einer vollständigen Informationstheorie

Die wohl größte Herausforderung unseres Informationszeitalters besteht darin, eine Brücke zu schlagen von der starren, formalen Syntax maschineller, algorithmischer Datenverarbeitung hin zur hochkomplexen Semantik menschlichen Wissens und natürlich-sprachlicher menschlicher Kommunikation.

Grundlage dafür ist ein umfassenderes und möglichst vollständiges Verständnis des Informationsbegriffs.

In der Vergangenheit hat es bereits viele Theorien der Information gegeben. Nach Peter Janich[1] wurde dabei Information auf der einen Seite als etwas dargestellt, was kulturalistisch ausschließlich Teil der menschlichen Gesellschaft und ihrer Kommunikationsgepflogenheiten sein kann, auf der anderen Seite wurde eher naturalistisch mit der Entstehung und der nachrichtentechnischen Übertragung von Informationen oder besser wohl Daten von einem Sender zu einem Empfänger sowie mit der Verarbeitung dieser Daten nach algorithmischen Regeln operiert.

Die beiden gegensätzlichen und sich oft unversöhnlich gegenüberstehenden Herangehensweisen sind aber eigentlich nur zwei Seiten ein und derselben Medaille. Man könnte stark vereinfacht den kulturalistischen Ansatz auch als Top-Down-Ansatz bei der Erforschung des Phänomens Information verstehen und den naturalistischen Ansatz als Bottom-Up-Herangehensweise an die Gesamtthematik. Was beiden in erster Linie immer noch fehlt, ist das immens wichtige Verbindungsstück zueinander.

---

[1] Vgl. Janich, Peter (2006) Was ist Information?, S. 12 ff.

Besonders wichtig ist es mir anfangs trotzdem zu unterscheiden, wo eine sinnvoll gestaltete Informationstheorie aufhört und wo dann die ebenso notwendige Kommunikationstheorie beginnt. Wechselseitige Kommunikation bedarf immer eines expliziten Senders und eines expliziten Empfängers, deren Rollen im Verlaufe der Kommunikation ständig wechseln. Dadurch wird auch ein nochmaliges Hinterfragen der eigentlichen Bedeutung oder besser der komplexen Semantik in der Kommunikation möglich.

Genau mit diesem Kriterium von Peter Janich[2], einem der führenden Kulturalisten und wohl härtesten Kritiker naturalistischer Herangehensweise an den Informationsbegriff, möchte ich gern die Informationstheorie von der Kommunikationstheorie abgrenzen. In der Vergangenheit wurde leider diese dringend notwendige Abgrenzung oft vernachlässigt. So war sich auch Claude E. Shannon bis 1948 nicht sicher, ob er seine Theorie der rein nachrichtentechnischen Datenübertragung nun Kommunikations- oder Informationstheorie nennen sollte.

Aber allein die Betrachtung der nachrichtentechnischen Datenübertragung wie bei Shannon kann immer nur die technisch-syntaktische Grundlage für Information und Kommunikation sein. Deshalb ist auch eine Abgrenzung zur reinen Datenübertragung in der Nachrichtentechnik hier zwingend geboten.

---

[2] Vgl. Janich, Peter (2006) Was ist Information?, S. 26 ff.

In diesem Artikel wollen wir in Anregung und Anlehnung an Peter Janichs[3] ebenfalls sehr interessanten Vortrag zum Thema Emergenz die Methode einsetzen, den sehr großen Kategoriensprung von den physischen Entitäten bis hin zu unseren geistigen und kognitiven Leistungen wie z.B. der menschlichen Kommunikation in kleine Stufen oder kleine Kategoriensprünge und ihre wichtigen Verbindungsstücke zueinander zu zerlegen.

Alles beginnt also mit der Identifikation der wichtigsten Kategorien auf diesem Weg. Nur auf den ersten Blick handelt es sich dabei aber um kleine Stufen. Im Einzelnen betrachtet sind es völlig unterschiedliche Kategorien mit ganz beträchtlichen Kategoriensprüngen dazwischen. Es konnten bei dieser weiter vorn noch ausführlich beschriebenen Analyse als die wohl bedeutendsten Kategorien und Kategoriensprünge identifiziert werden:

Erster großer Kategoriensprung:
theoretische Daten statt physischer Entitäten

Zweiter großer Kategoriensprung:
Information statt Daten

Zwei ganz verschiedene Kategorien:
Information und Wahrnehmung

Dritter großer Kategoriensprung:
Wissen statt Information

und die zwei grundverschiedenen Kategorien:
Kommunikation und Wissen

---

[3] Vgl. Janich, P. (2011) Emergenz, Lückenbüßergottheit für Natur- und Geisteswissenschaften

Unsere Untersuchungsgegenstände sind also in diesem Artikel die identifizierten wichtigsten Kategorien in der Informationstheorie und die wirklich sehr großen Kategoriensprünge zwischen ihnen.

Jede dieser Kategorien stellt außerdem eine eigene semantische Ebene dar, die ihr in der Betrachtung durch den Menschen zugeordnet wird. Eine semantische Ebene, von Umberto Eco[4] auch gern als semantisches Feld bezeichnet, ist gekennzeichnet durch ganz eigene Begriffe mit ihren wichtigsten Sinnzusammenhängen und der resultierenden ganz eigenen adäquaten Beschreibung dieser semantischen Ebene. Selbst die reale Ebene der physischen Entitäten wird in unserer adäquaten theoretischen Beschreibung derselben durch eine eigene semantische Ebene repräsentiert.

Genauso verhält es sich natürlich auch mit allen weit darüber liegenden theoretischen Kategorien. Besonders interessant sind aber die Ursachen der wirklich sehr großen Kategoriensprünge zwischen ihnen, die wir hier transparenter machen wollen, als das bisher der Fall ist.

Die Shannonsche „A Mathematical Theory of communication"[2] ist eine mathematische Theorie der nachrichtentechnischen Datenübertragung. Aus dieser rein syntaktischen und statistischen Betrachtung der Übertragung eines Zeichenvorrates lässt sich aber keinesfalls schon auf dessen semantischen Informationsgehalt schließen. Die Verbindung von Syntaktik und Semantik ergibt sich nun mal nicht aus statistischen Funktionen.

---

[4] Vgl. Eco, U. (1972, 2002) Einführung in die Semiotik, S. 85 ff.

Im Gegensatz zum Neuigkeitswert von Daten ist der Neuigkeitswert von Information ebenso keinesfalls über statistische oder wahrscheinlichkeitstheoretische Betrachtungen bei der Zeichenübertragung ermittelbar, sondern ausschließlich über die tatsächliche Bedeutung der Nachricht für den Empfänger. Die Ermittlung des Neuigkeitswertes von Information kann also erst nach der vollständigen semantischen und pragmatischen Interpretation einer Nachricht erfolgen.

Syntaktisch völlig gleich aufgebaute Daten können zum Beispiel bei ihrer Übertragung in unterschiedlichen Situationen oder zu ganz verschiedenen Empfängern auch eine völlig andere Semantik hervorrufen. Genauso ist es aber möglich, die gleiche Semantik mit einer deutlich variierenden Syntax zu erreichen.

Shannon merkt deshalb selbst ausdrücklich an, dass sein nachrichtentechnischer Informationsbegriff keinesfalls mit der Bedeutung, also der Semantik von Information außerhalb der Nachrichtentechnik verwechselt werden darf.

Für den Empfänger von Information steht jedoch immer und ausschließlich die vielfältige und komplexe Bedeutung dieser Information im Mittelpunkt. Sie ist ja auch der eigentliche Zweck jeglicher Datenübertragung und Informationsaufnahme. Erst dann können wir wirklich von Information und nicht mehr nur von nachrichtentechnischer Datenübertragung sprechen.

Bei dem Term Information haben wir es mit einem Phänomen zu tun, weil zwar sein Träger materiell ist, Aufbau, Inhalt und Bedeutung aber eindeutig ideellen bzw. theoretischen Charakter tragen. Diese Beziehung wird noch ausführlich beleuchtet.

Für diesen theoretischen Charakter ist es wichtig, dass Information auf der einen Seite einen Bezug zur Realität darstellt oder zumindest darstellen sollte und auf der anderen Seite vom Aufnehmenden der Information auch ideell in ihrer mitunter sehr komplexen Bedeutung verstanden werden muss.

Dazu ist es notwendig, dass der Aufnehmende der Information bereits vorher eine zumindest rudimentäre Theorie über die Realität besitzt, die dann durch die neue Information entweder verifiziert, falsifiziert oder auch einfach erweitert wird. Eine Theorie über die Realität muss zumindest ein Merkmal aus dieser Realität, seine Beschreibung und seine Bedeutung für den Theorieträger oder für ein anderes Merkmal aus der Realität enthalten. Ebenso existieren aber natürlich auch rein geistige Objekte und unsere ausführlichen Theorien über diese.

Unsere ersten, anfangs noch sehr rudimentären Theorien über die Bedeutung von realen oder geistigen Objekten für uns entwickeln wir bereits als Säugling durch unsere schrittweisen realen Erfahrungen. Ohne diese anfänglich zumindest rudimentären Theorien über die Realität als die Grundlage zu Beginn weiterer Informationsaufnahme gibt es nur Daten oder Impulse, deren Bedeutung und damit auch deren Informationsgehalt für den Aufnehmenden dieser Daten nicht ermittelt werden kann. Der Zweck des Ganzen ist aber immer das zumindest rudimentäre Verständnis von Information, ohne ein solches können wir nicht von Information, sondern höchstens von Daten sprechen.

Vielleicht haben wir ja damit Ihr geschätztes Interesse geweckt auch wieder für die Ausgabe 1 / 2013 der TVL-Reihe:

Information Technology, Economics & Management

Literaturverzeichnis

Janich, P. (2006) Was ist Information? Kritik einer Legende. Suhrkamp Verlag, Frankfurt a.M.

Janich, P. (2011) Emergenz als Lückenbüßergottheit für Natur- und Geisteswissenschaften. Vortrag vor der Wissenschaftlichen Gesellschaft Frankfurt, 5. Juni 2011, Sitzungsberichte der Wissenschaftlichen Gesellschaft an der Johann-Wolfgang-Goethe-Universität in Frankfurt a.M., Bd. 49, Nr. 2, Steiner Stuttgart

Eco, U. (2002) Einführung in die Semiotik. 9. Unveränderte Auflage, Erstausgabe 1972, Wilhelm Fink Verlag, Paderborn

TVL

Thalamus Verlag Leipzig